依据基金从业资格考试最新大纲编写

统编教材《股权投资基金》配套教辅

私募股权投资基金基础知识
习题与解析

基金从业资格考试专家组　编

中国金融出版社

责任编辑：石　坚

责任校对：潘　洁

责任印制：程　颖

图书在版编目（CIP）数据

私募股权投资基金基础知识习题与解析（Simu Guquan Touzi Jijin Jichu Zhishi Xiti yu Jiexi）/基金从业资格考试专家组编 .—北京：中国金融出版社，2018.4

ISBN 978 - 7 - 5049 - 9543 - 8

I. ①私… Ⅱ. ①基… Ⅲ. ①股权—投资基金—资格考试—题解 Ⅳ. ①F830. 91 - 44

中国版本图书馆 CIP 数据核字（2018）第 067587 号

出版
发行　中国金融出版社

社址　北京市丰台区益泽路 2 号

市场开发部　（010）63266347，63805472，63439533（传真）

网上书店　http：//www. chinafph. com　（010）63286832，63365686（传真）

读者服务部　（010）66070833，62568380

邮编　100071

经销　新华书店

印刷　保利达印务有限公司

尺寸　185 毫米×260 毫米

印张　16. 5

字数　336 千

版次　2018 年 4 月第 1 版

印次　2018 年 4 月第 1 次印刷

定价　43. 00 元

ISBN 978 - 7 - 5049 - 9543 - 8

如出现印装错误本社负责调换　联系电话（010）63263947

前　言

改革开放以来，我国经济快速发展，2016 年国内生产总值达到 744127 亿元，比 2015 年增长 6.7%，已稳居世界第二大经济体。伴随国民经济的稳步发展，居民社会财富不断积累，截至 2016 年底，居民个人储蓄存款余额达到 60.65 万亿元，比 2015 年增长 9.9%。迅速增长的巨额社会财富，使财富保值增值的需求日益高涨，专业专家理财受到青睐，优秀基金从业人员的需求与日俱增。

2013 年 6 月 1 日修订实施的《证券投资基金法》规定，基金从业人员应当具备基金从业资格，并授权中国证券投资基金业协会组织基金从业人员的从业考试、资质管理和业务培训。为切实履行新修订的《证券投资基金法》赋予的职责，适应新形势下的行业发展，中国证券投资基金业协会积极推动各项考试筹备工作，于 2015 年 7 月启动基金从业人员资格考试报名，8 月开始组织考试。

中国证券投资基金业协会借鉴境内外经验，征求各方意见，对考试内容进行了调整，调整后的考试侧重实际应用，主要考核基金从业人员必备的基本知识和专业技能；同时调整了考试科目，调整后的基金从业资格考试目前包含三个科目：科目一"基金法律法规、职业道德与业务规范"、科目二"证券投资基金基础知识"和科目三"私募股权投资基金基础知识"；考生通过科目一和科目二考试，或通过科目一和科目三考试成绩合格的，具备基金从业资格的注册条件。据不完全统计，截至 2016 年底，我国基金从业资格考试已完成全国统考 5 次，预约式考试 6 次，累计报名达 197.2 万科次。

中国证券投资基金业协会于 2016 年 8 月编写并出版了《股权投资基金基础知识要点与法律法规汇编》，最近又首次组织编写并出版了《股权投资基金》，根据教材《股权投资基金》内容对考试大纲进行了重新修订。教材《股权投资基金》与教材《股权投资基金基础知识要点与法律法规汇编》相比，做了大幅度更新、修改，注重知识体系的完整性，契合股权投资基金行业的最新实践发展，体现规范性和权威性，在基金募集、投资决策、投资后管理、项目退出、基金内部管理等方面通过大量图表与案例进行了丰富和完善，同时借鉴和吸收了国内外股权投资基金行业市场运作、行政监管和自律管理的最新发展，并结合国内新发布的法规与自律规则，充实了大量的实操内容。

中国证券投资基金业协会《2017 年度基金从业人员资格考试公告（第 10 号）》明确，自"2017 年度基金从业人员资格考试 11 月全国统一考试"起，科目三"私募股权投资基金基础知识"考试所用教材为中国金融出版社出版的《股权投资基金》，考试内容按照《股权投资基金（含创业投资基金）考试大纲（2017 年度修订）》组织确定。应广大考生和股权投资基金从业人员的要求，我们选拔部分行业专家、名校教授和基金法专家组成基金从业资格考试专家组，率先研发《私募股权投资基金基础知识习题与解析》（以下简称《习题与解析》），以新编教材《股权投资基金》为蓝本，认真研究《股权投资基金》243 个知识点的总体目标、考试内容和能力要求，跟踪前期考试真题和命题趋势，重点研究组合型单项选择题特点，专家组补题、改题、删题，共 211 题，完成第一章和第五章命题工作。统一标准、取得经验之后，统一规范命题流程和命题标准，专家组分工完成其他章节的命题工作，集中研发单项选择题 500 题和组合型选择题 500 题。紧接着，专家组逐题审读、审慎删题和反复磨题，习题总量精简至 830 道（其中，单项选择题 415 题和组合型选择题 415 题）。最后，专家组对每道习题分别作答、解析、润色和排版。

　　回顾起来，专家组跟踪历年真题和命题趋势，经过了出题、补题、删题、试考、磨题、解题、排版七个阶段的紧张工作，专家、大纲、教材、考点、命题、作答、解析七个环节的精益求精，最终才得以编成《习题与解析》。与市场上其他同类产品相比，《习题与解析》不仅配套新教材、突出组合型单项选择题，而且查准教材内容、充分兼顾了有关新法规；不仅通过磨题减少了试题错误和残次，而且精准解析了新试题知识点及其所在章、节和页码。

　　通过上述工作，《习题与解析》不仅在与考生的前期交流中广获好评，而且也获得了命题专家的由衷赞许，但同时也成为盗版的目标。正因如此，专家组提请广大考生注意，坚决选用正版图书，充分利用有限时间，正确使用《习题与解析》复习迎考。一方面，由于时间仓促，《习题与解析》的遗漏、不足甚至错误仍然在所难免；另一方面由于基金从业资格考试采用从属于国家机密的专属试题库中随机抽题、组卷和阅卷的机考方式，考查考生应知应会的基金知识和专业技能，请广大考生务必摈弃侥幸心理，不依赖本书猜题押题。

　　最后，衷心感谢中国证券投资基金业协会及时发布了考试大纲和组织编写教材《股权投资基金》，中国金融出版社适时出版考试教材，为《习题与解析》的编写提供了厚实的基础！衷心感谢基金从业资格考试专家组各位成员的辛勤劳动！衷心感谢广大考生及其他相关方的厚爱，一以贯之选用《习题与解析》正版图书！预祝广大考生顺利通过基金从业资格考试，早日成为基金从业人员，淘到人生的第一桶金！

基金从业资格考试专家组

二〇一八年四月

目　　录

第一章　股权投资基金概述 ……………………………………………………… 1

第二章　股权投资基金参与主体 …………………………………………… 25

第三章　股权投资基金分类 ………………………………………………… 45

第四章　股权投资基金的募集与设立 …………………………………… 70

第五章　股权投资基金的投资 ……………………………………………… 104

第六章　股权投资基金的投资后管理 …………………………………… 140

第七章　股权投资基金的项目退出 ……………………………………… 148

第八章　股权投资基金的内部管理 ……………………………………… 166

第九章　股权投资基金的政府管理 ……………………………………… 203

第十章　股权投资基金的行业自律 ……………………………………… 237

第一章　股权投资基金概述

一、单项选择题（以下各小题所给出的 4 个选项中，只有 1 项最符合题目要求，请将正确选项的代码填入括号内，不填、错填均不得分）

1. 国内所称"股权投资基金"，其准确含义应为（　　）股权投资基金。

A. 私人

B. 私募

C. 私募类私人

D. 私人的私募

答案：C

知识点：股权投资基金概念；见教材第一章第一节 P3。

2. "私人股权投资基金"指主要投资于（　　）的股权。

A. 非公开发行

B. 非公开交易

C. 公开发行和非公开交易

D. 非公开发行和交易

答案：D

知识点：股权投资基金概念；见教材第一章第一节 P3。

3. 私人股权不包括（　　）。

A. 普通股

B. 优先股

C. 可转债

D. 私募债

答案：D

知识点：私人股权的界定；见教材第一章第一节 P3。

4. 私人股权包括（　　）。

A. 企业债

B. 公司债

C. 可转债

D. 私募债

答案：C

知识点：私人股权的界定；见教材第一章第一节 P3。

5. 私人股权不包括（ ）普通股。

A. 未上市企业

B. 非公众公司

C. 有限责任公司

D. A 股

答案：C

知识点：私人股权的界定；见教材第一章第一节 P3。

6. 私人股权包括（ ）。

A. A 股

B. B 股

C. H 股

D. "新三板"挂牌公司股权

答案：D

知识点：私人股权的界定；见教材第一章第一节 P3。

7. 在我国，目前股权投资基金只能以（ ）方式募集。

A. 公开

B. 非公开

C. 直销

D. 委托第三方

答案：B

知识点：我国当前对募集方式的要求；见教材第一章第一节 P3。

8. 国内股权投资基金与国外股权投资基金的主要区别是（ ）。

A. 投资标的不同

B. 募集方式不同

C. 收费标准不同

D. 常用称谓不同

答案：B

知识点：我国当前对募集方式的要求；见教材第一章第一节 P3。

9. 与其他资产类别相比，股权投资基金通常具有（ ）特点。

A. 高期望收益、低风险

B. 高期望收益、高风险

C. 低期望收益、高风险

D. 低期望收益、低风险

答案：B

知识点：股权投资基金的特点；见教材第一章第一节 P4。

10. 股权投资基金通常需要多达（　　）才能完成投资的全部流程，实现退出。

A. 1 年

B. 2 年

C. 7 年

D. 10 年

答案：C

知识点：股权投资基金的特点；见教材第一章第一节 P4。

11. 股权投资通常被称为（　　）。

A. 有耐心的资本

B. 价值投资

C. 私人投资

D. 以上都不是

答案：A

知识点：股权投资基金的特点；见教材第一章第一节 P4。

12. 股权投资基金的基金份额流动性（　　）。

A. 较好

B. 一般

C. 较差

D. 以上都不是

答案：C

知识点：股权投资基金的特点；见教材第一章第一节 P4。

13. 股权投资基金投资后管理投入资源（　　）。

A. 较少

B. 一般

C. 较多

D. 以上都不是

答案：C

知识点：股权投资基金的特点；见教材第一章第一节 P4。

14. 股权投资基金管理具有（　　）密集型特征。

A. 体力

B. 智力

C. 资本

D. 以上都不是

答案：B

知识点：股权投资基金的特点；见教材第一章第一节 P4。

15. 股权投资基金管理通常采用（　　）方式。

A. 基金管理人自我管理

B. 委托专业机构管理

C. 下设专业子公司管理

D. 以上都不是

答案：B

知识点：股权投资基金的特点；见教材第一章第一节 P4。

16. 股权投资起源于（　　）。

A. 并购投资

B. 创业投资

C. 证券投资

D. 以上都不是

答案：B

知识点：股权投资基金的起源；见教材第一章第二节 P5。

17. 全球第一家以公司形式运作的创业投资基金在（　　）成立。

A. 英国

B. 美国

C. 德国

D. 荷兰

答案：B

知识点：股权投资基金的起源；见教材第一章第二节 P5。

18. 股权投资基金发展的里程碑是（　　）美国《小企业投资法》的颁布。

A. 1946 年

B. 1958 年

C. 1973 年

D. 1976 年

答案：B

知识点：创业投资基金概念的发展；见教材第一章第二节 P5。

19. 标志着创业投资在美国发展成为专门行业是（　　）美国创业投资协会成立。

A. 1946 年

B. 1958 年

C. 1973 年

D. 1976 年

答案：C

知识点：创业投资基金概念的发展；见教材第一章第二节 P5。

20. 在 20 世纪 50 年代至 70 年代，创业投资基金主要投资于（　　）。

A. 大型成熟企业

B. 中小成长型企业

C. 上市企业

D. 未上市企业

答案：B

知识点：创业投资基金概念的发展；见教材第一章第二节 P5。

21. 在 20 世纪 70 年代后，创业投资企业开始对（　　）进行并购投资。

A. 大型成熟企业

B. 中小成长企业

C. 上市企业

D. 未上市企业

答案：A

知识点：创业投资基金概念的发展；见教材第一章第二节 P5。

22. 1976 年 KKR 成立以后，开始出现专业化运作的（　　）。

A. 股权投资基金

B. 并购投资基金

C. 创业投资基金

D. 定向增发基金

答案：B

知识点：股权投资基金概念的发展；见教材第一章第二节 P6。

23. 2007 年以前，并购基金管理人作为（　　）的会员享受相应的行业服务并接受行业自律。

A. 联合国创业投资协会

B. 创业投资协会

C. 美国创业投资协会

D. 并购基金投资协会

答案：C

知识点：股权投资基金概念的发展；见教材第一章第二节 P6。

24. 美国并购投资基金管理机构也兼做（   ）。

A. 不动产投资

B. 基金投资

C. 股票投资

D. 创业投资

答案：D

知识点：股权投资基金概念的发展；见教材第一章第二节 P6。

25. 关于私募股权投资基金的起源与发展历程的说法中，错误的是（   ）。

A. 股权投资基金起源于英国

B. 早期的股权投资基金主要以创业投资基金形式存在

C. 20 世纪 50 年代至 70 年代的创业投资基金为经典的狭义创业投资基金

D. 20 世纪 70 年代以后，"创业投资"概念从狭义发展到广义

答案：A

知识点：股权投资基金概念的发展；见教材第一章第二节 P5 ~ P6。

26. 在国务院各有关部门和地方政府的推动下，我国股权投资基金行业发展经历了（   ）个历史阶段。

A. 两

B. 三

C. 四

D. 五

答案：B

知识点：我国股权投资基金发展阶段；见教材第一章第二节 P6。

27. 我国第一个有关创业投资发展的战略性纲领性文件是（   ）国务院办公厅发布的《关于建立风险投资机制的若干意见》。

A. 1985 年末

B. 1992 年末

C. 1998 年末

D. 1999 年末

答案：D

知识点：我国股权投资基金发展阶段；见教材第一章第二节 P7。

28. 创业投资基金与证券投资基金的显著区别是（   ）。

A. 创业投资基金直接投资产业，证券投资基金投资证券

B. 创业投资基金间接投资产业，证券投资基金投资证券

C. 创业投资基金直接投资基金，证券投资基金投资证券

D. 创业投资基金间接投资基金，证券投资基金投资证券

答案：A

知识点：我国股权投资基金发展阶段；见教材第一章第二节 P7。

29. 我国第一只公司型创业投资基金是（　　）。

A. 三峡投资基金

B. 通发有价证券投资基金

C. 淄博乡镇企业投资基金

D. 马萨诸塞投资信托基金

答案：C

知识点：我国股权投资基金发展阶段；见教材第一章第二节 P7。

30. 2013 年 6 月，中央编办发出《关于私募股权基金管理职责分工的通知》，明确由（　　）统一行使股权投资基金监管职责。

A. 国务院

B. 中国证监会

C. 中国基金业协会

D. 国务院证券监督管理机构

答案：B

知识点：我国股权投资基金发展阶段；见教材第一章第二节 P8。

31. 随着市场规模增长迅速，当前我国已成为全球第（　　）大股权投资市场。

A. 一

B. 二

C. 三

D. 四

答案：B

知识点：我国股权投资基金行业的发展特征；见教材第一章第二节 P8。

32. 我国股权投资基金行业从发展初期阶段的政府和国有企业主导逐步转变为（　　）主导。

A. 集体企业

B. 合伙企业

C. 市场化主体

D. 公司企业

答案：C

知识点：我国股权投资基金行业的发展特征；见教材第一章第二节 P8。

33. 股权投资基金行业为（　　）等新兴产业在我国的发展发挥了重大作用。

A. 互联网

B. 新材料

C. 新能源

D. 电子

答案：A

知识点：我国股权投资基金行业的发展特征；见教材第一章第二节 P9。

34. 关于我国股权投资基金发展现状的说法中，正确的是（　　）。

A. 随着市场规模增长迅速，当前我国已成为全球第三大股权投资市场

B. 股权投资基金行业从发展初期阶段的政府和国有企业主导逐步转变为公司企业为主导

C. 股权投资基金在我国有利促进了创新创业和经济结构转型升级

D. 股权投资基金行业为电子产业在我国的发展发挥了重大作用

答案：C

知识点：我国私募股权投资基金发展的现状；见教材第一章第二节 P8 ~ P9。

35. 从资本流动的角度出发，股权投资基金募集阶段资本从（　　）。

A. 投资者流向股权投资基金

B. 投资者流向基金管理者

C. 投资者流向被投资企业

D. 投资者流向基金托管者

答案：A

知识点：股权投资基金运作流程；见教材第一章第三节 P9 ~ P10。

36. 从资本流动的角度出发，股权投资基金投资阶段资本从（　　）。

A. 投资者流向股权投资基金

B. 投资者流向基金管理人

C. 基金管理人流向被投资企业

D. 投资者流向被投资企业

答案：C

知识点：股权投资基金运作流程；见教材第一章第三节 P9 ~ P10。

37. 股权投资基金的运作流程是实现（　　）的全过程。

A. 所有权增值

B. 资金增值

C. 基金增值

D. 资本增值

答案：D

知识点：股权投资基金运作流程；见教材第一章第三节 P9。

38. 与一般企业不同，股权投资基金通常要求全部用（　　）出资，一般不接受实物资产、无形资产等非货币资金出资。

A. 货币资金

B. 金融资产

C. 实物资产

D. 无形资产

答案：A

知识点：基金规模及出资方式；见教材第一章第三节 P10。

39. 在股权投资基金实务运作中更多地实行（　　）制。

A. 授权出资

B. 法定出资

C. 实缴出资

D. 承诺出资

答案：D

知识点：基金规模及出资方式；见教材第一章第三节 P11。

40. 根据基金合同的约定，投资者可以（　　）完成其在股权投资基金中的出资义务。

A. 一次

B. 两次

C. 分数次

D. 以上都可以

答案：D

知识点：基金规模及出资方式；见教材第一章第三节 P10～P11。

41. 股权投资基金的管理方式包括（　　）。

A. 自我管理

B. 执行事务合伙人

C. 受托管理

D. 以上都可以

答案：D

知识点：基金管理方式；见教材第一章第三节 P11。

42. 自我管理方式常见于（　　）股权投资基金。

A. 公司型

B. 合伙型

C. 社团法人型

D. 以上都不是

答案：A

知识点：基金管理方式；见教材第一章第三节 P11。

43. 随着第三方管理机构管理品牌的形成，（   ）正逐渐成为主流的基金管理方式。

A. 自我管理

B. 合伙管理

C. 受托管理

D. 以上都不是

答案：C

知识点：基金管理方式；见教材第一章第三节 P11。

44. 股权投资基金投资范围通常依据目标投资对象的（   ）属性来确定。

A. 行业

B. 地域

C. 发展阶段

D. 以上都是

答案：D

知识点：基金的投资范围、投资策略和投资限制；见教材第一章第三节 P11。

45. 股权投资基金的投资策略是指基金在选择具体投资对象时所使用的一系列（   ）的总和。

A. 规则

B. 行为

C. 程序

D. 以上都是

答案：D

知识点：基金的投资范围、投资策略和投资限制；见教材第一章第三节 P11。

46. 通常情况下股权投资基金的（   ）由基金管理人和投资者共同商定并在基金合同中明确列示。

A. 投资范围

B. 投资策略

C. 投资限制

D. 以上都是

答案：D

知识点：基金的投资范围、投资策略和投资限制；见教材第一章第三节 P11。

47. 股权投资基金的收益分配主要在（　　）之间进行。

A. 投资者与第三方服务机构

B. 投资者与股东

C. 投资者与管理人

D. 管理人和第三方服务机构

答案：C

知识点：基金收益分配；见教材第一章第三节 P11。

48. 股权投资基金的收入主要来源于所投资企业（　　）。

A. 分配的红利

B. 股权转让所得

C. 税收返还

D. 以上都是

答案：D

知识点：基金收益分配；见教材第一章第三节 P11。

49. 股权投资基金的管理人通常（　　）基金收益的分配。

A. 不参与

B. 参与

C. 一定比例参与

D. 以上都不是

答案：C

知识点：基金收益分配；见教材第一章第三节 P11。

50. 从融资角度来看中小微企业融资需求特征包括（　　）。

A. 投资者获取真实信息的难度和成本都比较高

B. 创业成功的不确定性较高

C. 资产结构中无形资产占比较高

D. 以上都是

答案：D

知识点：中小微企业融资需求特征；见教材第一章第四节 P12～P13。

51. 中小微创业企业的融资需求阶段性特征包括（　　）。

A. 早期需要较小规模股权投资

B. 早期需要较大比例股权投资

C. 中后期需要可转债等准股权方式融资

D. 以上都是

答案：D

知识点：中小微企业融资需求特征；见教材第一章第四节 P13。

52. 中小微企业获得银行融资支持存在的障碍包括（　　）。

A. 银行贷款只能收取固定利息

B. 无形资产是低质量的抵押品

C. 银行偏好发放较大规模的贷款

D. 以上都是

答案：D

知识点：中小微企业从传统融资渠道获得融资支持存在的障碍；见教材第一章第四节 P13。

53. 创业投资对中小微企业融资的支持包括（　　）。

A. 用多种机制尝试获取真实信息

B. 主要采取股权投资的方式

C. 无须被投资企业提供担保

D. 以上都是

答案：D

知识点：创业投资对中小微企业融资的支持；见教材第一章第四节 P13。

54. 创业投资基金对科技创新的贡献包括（　　）。

A. 偏好投资科技创新企业

B. 偏好投资科技行业

C. 所支持的科技企业产品从研发到销售所花时间明显短于一般企业

D. 以上都是

答案：D

知识点：创业投资对科技创新的贡献；见教材第一章第四节 P14。

55. 以单位资本投资产出的专利数量衡量，创业投资基金对科技创新的贡献力度大约相当于其他社会资本的（　　）。

A. 1 倍

B. 3 倍

C. 5 倍

D. 以上都不是

答案：B

知识点：创业投资对科技创新的贡献；见教材第一章第四节 P14。

56. 并购基金会从（　　）等方面寻找价值被低估的企业。

A. 经济周期

B. 运营

C. 拆分与合并

D. 以上都是

答案：D

知识点：并购基金对产业转型和升级的贡献；见教材第一章第四节 P14。

57. 并购基金对投资对象的整合主要通过（　　）来实现。

A. 管理提升

B. 产业与技术的整合

C. 转型升级

D. 以上都是

答案：D

知识点：并购基金对产业转型和升级的贡献；见教材第一章第四节 P15。

58. 未来我国经济的增长将转向（　　）。

A. 要素驱动

B. 创新驱动

C. 管理驱动

D. 以上都不是

答案：B

知识点：我国股权投资基金业的发展趋势；见教材第一章第四节 P15。

59. 未来我国金融市场将以（　　）为主。

A. 间接融资

B. 直接融资

C. 股权投资基金融资

D. 以上都不是

答案：B

知识点：我国股权投资基金业的发展趋势；见教材第一章第四节 P15。

二、组合型单项选择题（以下各小题所给出的 4 个选项中，只有 1 项最符合题目要求，请将正确选项的代码填入括号内，不填、错填、漏填均不得分）

1. 下列基金属于国内"股权投资基金"的有（　　）。

Ⅰ. 股票基金

Ⅱ. 私人股权投资基金

Ⅲ. 私募股权投资基金

Ⅳ. 私募类私人股权投资基金

A. Ⅰ、Ⅱ、Ⅲ

B.　Ⅱ、Ⅲ、Ⅳ

C.　Ⅰ、Ⅲ、Ⅳ

D.　Ⅰ、Ⅱ、Ⅳ

答案：B

知识点：股权投资基金概念；见教材第一章第一节 P3。

2. 国内"股权投资基金"投资的私人股权包括（　　）。

Ⅰ. 未上市企业的普通股

Ⅱ. 上市企业非公开发行的普通股

Ⅲ. 依法可转换为普通股的优先股

Ⅳ. 可转换债券

A.　Ⅰ

B.　Ⅰ、Ⅱ

C.　Ⅰ、Ⅱ、Ⅲ

D.　Ⅰ、Ⅱ、Ⅲ、Ⅳ

答案：D

知识点：股权投资基金概念；见教材第一章第一节 P3。

3. 下列资产类别中收益期望值从低到高的顺序是（　　）。

Ⅰ. 货币市场基金

Ⅱ. 债券基金

Ⅲ. 股票基金

Ⅳ. 股权投资基金

A.　Ⅰ、Ⅱ、Ⅲ、Ⅳ

B.　Ⅰ、Ⅱ、Ⅳ、Ⅲ

C.　Ⅱ、Ⅰ、Ⅲ、Ⅳ

D.　Ⅰ、Ⅲ、Ⅱ、Ⅳ

答案：A

知识点：股权投资基金的特点；见教材第一章第一节 P4。

4. 下列资产类别中风险从低到高的顺序是（　　）。

Ⅰ. 货币市场基金

Ⅱ. 债券基金

Ⅲ. 股票基金

Ⅳ. 股权投资基金

A.　Ⅰ、Ⅱ、Ⅲ、Ⅳ

B.　Ⅰ、Ⅱ、Ⅳ、Ⅲ

C. Ⅱ、Ⅰ、Ⅲ、Ⅳ

D. Ⅰ、Ⅲ、Ⅱ、Ⅳ

答案：A

知识点：股权投资基金的特点；见教材第一章第一节 P4。

5. 公募证券投资基金与公募股权投资基金的主要区别是（   ）。

Ⅰ. 投资标的不同

Ⅱ. 募集方式不同

Ⅲ. 适用法律不同

Ⅳ. 监管机构不同

A. Ⅰ

B. Ⅰ、Ⅱ

C. Ⅰ、Ⅱ、Ⅲ

D. Ⅰ、Ⅱ、Ⅲ、Ⅳ

答案：A

知识点：股权投资基金的特点；见教材第一章第一节 P3。

6. 股权投资基金的主要特点是（   ）。

Ⅰ. 投资期限长

Ⅱ. 流动性较差

Ⅲ. 投资后管理投入资源较多

Ⅳ. 收益波动性较高

A. Ⅰ

B. Ⅰ、Ⅱ

C. Ⅰ、Ⅱ、Ⅲ

D. Ⅰ、Ⅱ、Ⅲ、Ⅳ

答案：D

知识点：股权投资基金的特点；见教材第一章第一节 P4。

7. 下列说法正确的是（   ）。

Ⅰ. 股权投资被称为"有耐心的资本"

Ⅱ. 股权投资是"价值增值型"投资

Ⅲ. 股权投资基金体现出较明显的智力密集型特征

Ⅳ. 股权投资基金属于高风险、高期望收益的资产类别

A. Ⅰ

B. Ⅰ、Ⅱ

C. Ⅰ、Ⅱ、Ⅲ

D. Ⅰ、Ⅱ、Ⅲ、Ⅳ

答案：D

知识点：股权投资基金的特点；见教材第一章第一节 P4。

8. 股权投资基金的主要形式有（　　）。

Ⅰ. 创业投资基金

Ⅱ. 并购投资基金

Ⅲ. 货币市场基金

Ⅳ. 不动产投资基金

A. Ⅰ、Ⅱ、Ⅲ

B. Ⅱ、Ⅲ、Ⅳ

C. Ⅰ、Ⅲ、Ⅳ

D. Ⅰ、Ⅱ、Ⅳ

答案：D

知识点：股权投资基金概念的发展；见教材第一章第二节 P5～P6。

9. 在我国股权投资基金探索与起步阶段主要沿着（　　）进行。

Ⅰ. 科技系统对创业投资基金的最早探索

Ⅱ. 科技系统对产业投资基金的最早探索

Ⅲ. 国家财经部门对创业投资基金的探索

Ⅳ. 国家财经部门对产业投资基金的探索

A. Ⅰ、Ⅲ

B. Ⅰ、Ⅳ

C. Ⅱ、Ⅲ

D. Ⅱ、Ⅳ

答案：B

知识点：我国股权投资基金的发展阶段；见教材第一章第二节 P6～P7。

10. 中国证监会对（　　）实行统一监管。

Ⅰ. 创业投资基金

Ⅱ. 并购投资基金

Ⅲ. 私募类证券投资基金

Ⅳ. 其他私募投资基金

A. Ⅰ

B. Ⅰ、Ⅱ

C. Ⅰ、Ⅱ、Ⅲ

D. Ⅰ、Ⅱ、Ⅲ、Ⅳ

答案：D

知识点：我国股权投资基金的发展阶段；见教材第一章第二节 P8。

11. 中国证券投资基金协会从 2014 年开始（　　）。

Ⅰ. 对包括股权投资基金管理人在内的私募基金进行登记

Ⅱ. 对其所管理的基金进行备案

Ⅲ. 陆续发布相关自律规则

Ⅳ. 对包括股权投资基金管理人在内的各类私募基金管理人实施行业自律

A. Ⅰ

B. Ⅰ、Ⅱ

C. Ⅰ、Ⅱ、Ⅲ

D. Ⅰ、Ⅱ、Ⅲ、Ⅳ

答案：D

知识点：我国股权投资基金的发展阶段；见教材第一章第二节 P8。

12. 极大地促进创业投资基金发展的政策措施有（　　）。

Ⅰ. 颁布《创业投资企业管理暂行办法》

Ⅱ. 出台针对公司型创业投资基金的所得税优惠政策

Ⅲ. 出台促进创业投资引导基金规范设立与运作的指导意见

Ⅳ. 推出创业板

A. Ⅰ

B. Ⅰ、Ⅱ

C. Ⅰ、Ⅱ、Ⅲ

D. Ⅰ、Ⅱ、Ⅲ、Ⅳ

答案：D

知识点：我国股权投资基金的发展阶段；见教材第一章第二节 P7。

13. 我国股权投资基金行业的长足发展主要体现在（　　）。

Ⅰ. 当前我国已成为全球第二大股权投资市场

Ⅱ. 行业从发展初期阶段的政府和国有企业主导逐步转变为市场化主体主导

Ⅲ. 有力地促进了创新创业和经济结构转型升级

Ⅳ. 为互联网等新兴产业在我国的发展发挥了重大作用

A. Ⅰ

B. Ⅰ、Ⅱ

C. Ⅰ、Ⅱ、Ⅲ

D. Ⅰ、Ⅱ、Ⅲ、Ⅳ

答案：D

知识点：我国股权投资基金的发展阶段；见教材第一章第二节 P8～P9。

14. 股权投资基金运作的四个阶段依次是（　　　）。

Ⅰ. 管理

Ⅱ. 投资

Ⅲ. 退出

Ⅳ. 募集

A. Ⅳ、Ⅰ、Ⅱ、Ⅲ

B. Ⅳ、Ⅱ、Ⅰ、Ⅲ

C. Ⅱ、Ⅳ、Ⅰ、Ⅲ

D. Ⅱ、Ⅰ、Ⅳ、Ⅲ

答案：B

知识点：股权投资基金运作流程；见教材第一章第三节 P9。

15. 下列说法正确的是（　　　）。

Ⅰ. 股权投资基金管理人可自行募集基金，也可委托第三方募集机构代为募集基金

Ⅱ. 设立股权投资基金可采取公司型，也可采取契约型

Ⅲ. 股权投资基金管理人可向机构募集基金，也可向散户募集基金

Ⅳ. 股权投资基金管理人可公开募集基金，也可非公开募集基金

A. Ⅰ

B. Ⅰ、Ⅱ

C. Ⅰ、Ⅱ、Ⅲ

D. Ⅰ、Ⅱ、Ⅲ、Ⅳ

答案：B

知识点：股权投资基金运作流程；见教材第一章第三节 P10。

16. 股权投资基金投资阶段将资金投向被投资企业主要包括的环节有（　　　）。

Ⅰ. 项目开发、初审、立项

Ⅱ. 签署投资备忘录、尽职调查

Ⅲ. 投资决策、签订投资协议

Ⅳ. 投资交割

A. Ⅰ

B. Ⅰ、Ⅱ

C. Ⅰ、Ⅱ、Ⅲ

D. Ⅰ、Ⅱ、Ⅲ、Ⅳ

答案：D

知识点：股权投资基金运作流程；见教材第一章第三节 P10。

17. 股权投资基金主要的退出方式有（　　）。

Ⅰ. 上市

Ⅱ. 挂牌转让

Ⅲ. 协议转让

Ⅳ. 清算

A. Ⅰ

B. Ⅰ、Ⅱ

C. Ⅰ、Ⅱ、Ⅲ

D. Ⅰ、Ⅱ、Ⅲ、Ⅳ

答案：D

知识点：股权投资基金运作流程；见教材第一章第三节 P10。

18. 下列说法正确的是（　　）。

Ⅰ. 股权投资基金一般不接受无形资产出资

Ⅱ. 投资者可以分数次完成股权投资基金出资

Ⅲ. 股权投资基金实务运作中更多地实行承诺出资制

Ⅳ. 股权投资基金规模是基金计划及实际募集的投资资本额度

A. Ⅰ

B. Ⅰ、Ⅱ

C. Ⅰ、Ⅱ、Ⅲ

D. Ⅰ、Ⅱ、Ⅲ、Ⅳ

答案：D

知识点：基金规模及出资方式；见教材第一章第三节 P10～P11。

19. 下列说法正确的是（　　）。

Ⅰ. 股权投资基金的管理方式分为自我管理和受托管理两种

Ⅱ. 自我管理方式常见于公司型股权投资基金

Ⅲ. 通过合伙协议约定由某个自然人或若干自然人以执行事务合伙人名义管理合伙
事务属于自我管理方式

Ⅳ. 受托管理正逐渐成为主流的基金管理方式

A. Ⅰ

B. Ⅰ、Ⅱ

C. Ⅰ、Ⅱ、Ⅲ

D. Ⅰ、Ⅱ、Ⅲ、Ⅳ

答案：D

知识点：基金管理方式；见教材第一章第三节 P11。

20. 股权投资基金的收入主要来源于（   ）。

Ⅰ. 所投资企业分配的红利

Ⅱ. 实现项目退出后的股权转让所得

Ⅲ. 基金资产投资收益

Ⅳ. 基金资产利息收入

A. Ⅰ

B. Ⅰ、Ⅱ

C. Ⅰ、Ⅱ、Ⅲ

D. Ⅰ、Ⅱ、Ⅲ、Ⅳ

答案：B

知识点：基金收益分配；见教材第一章第三节 P11。

21. 关于股权投资基金收益分配方式的说法，正确的是（   ）。

Ⅰ. 收益主要在投资者和第三方服务机构之间进行分配

Ⅱ. 基金管理人因为其管理可以获得一定比例的业绩报酬

Ⅲ. 基金的收入扣除基金承担的各项费用和税收之后，超出投资者出资本金的部分为基金利润

Ⅳ. 有时候管理人需要先让基金投资者实现某一门槛收益率，之后才可获得业绩报酬

A. Ⅰ

B. Ⅰ、Ⅱ

C. Ⅰ、Ⅱ、Ⅲ

D. Ⅱ、Ⅲ、Ⅳ

答案：D

知识点：基金收益分配；见教材第一章第三节 P11。

22. 股权投资基金运作的关键要素有（   ）。

Ⅰ. 基金规模与出资方式

Ⅱ. 基金的管理方式

Ⅲ. 基金的投资范围、投资策略和投资限制

Ⅳ. 基金的收益分配

A. Ⅰ

B. Ⅰ、Ⅱ

C. Ⅰ、Ⅱ、Ⅲ

D. Ⅰ、Ⅱ、Ⅲ、Ⅳ

答案：D

知识点：基金收益分配；见教材第一章第三节 P10 ~ P11。

23. 从创业企业的生命周期来看，企业创业过程包括（　　）。

Ⅰ. 种子期

Ⅱ. 起步期

Ⅲ. 扩张期

Ⅳ. 相对成熟期

A. Ⅰ

B. Ⅰ、Ⅱ

C. Ⅰ、Ⅱ、Ⅲ

D. Ⅰ、Ⅱ、Ⅲ、Ⅳ

答案：D

知识点：中小微企业的融资需求特征；见教材第一章第四节 P12。

24. 中小微创业企业通常具有的融资需求特征有（　　）。

Ⅰ. 信息不对称比较严重

Ⅱ. 创业成功的不确定性较高

Ⅲ. 资产结构中无形资产占比较高

Ⅳ. 融资需求呈现阶段性特征

A. Ⅰ

B. Ⅰ、Ⅱ

C. Ⅰ、Ⅱ、Ⅲ

D. Ⅰ、Ⅱ、Ⅲ、Ⅳ

答案：D

知识点：中小微企业的融资需求特征；见教材第一章第四节 P12 ~ P13。

25. 下列说法正确的是（　　）。

Ⅰ. 多数中小微企业公司治理存在缺陷

Ⅱ. 不少创业企业最终失败

Ⅲ. 早期发展阶段需要较小规模的股权投资

Ⅳ. 中后期发展阶段则可能以可转换债等准股权方式融资

A. Ⅰ

B. Ⅰ、Ⅱ

C. Ⅰ、Ⅱ、Ⅲ

D. Ⅰ、Ⅱ、Ⅲ、Ⅳ

答案：D

知识点：中小微企业的融资需求特征；见教材第一章第四节 P12 ~ P13。

26. 下列说法正确的是（　　）。

Ⅰ. 银行解决中小微企业信息不对称的效率不高

Ⅱ. 银行贷款只能收取固定利息

Ⅲ. 无形资产是低质量的抵押品

Ⅳ. 银行更偏好发放较大规模的贷款

A. Ⅰ

B. Ⅰ、Ⅱ

C. Ⅰ、Ⅱ、Ⅲ

D. Ⅰ、Ⅱ、Ⅲ、Ⅳ

答案：D

知识点：中小微企业从传统融资渠道获得融资支持存在的障碍；见教材第一章第四节 P13。

27. 下列说法正确的是（　　）。

Ⅰ. 资本市场特别强调信息披露的及时、准确和充分

Ⅱ. 中小微企业满足资本市场对信息披露的要求成本较高

Ⅲ. 资本市场的门槛相对较高

Ⅳ. 融资规模相对较小的早期企业通常不能达到资本市场的进入门槛

A. Ⅰ

B. Ⅰ、Ⅱ

C. Ⅰ、Ⅱ、Ⅲ

D. Ⅰ、Ⅱ、Ⅲ、Ⅳ

答案：D

知识点：中小微企业从传统融资渠道获得融资支持存在的障碍；见教材第一章第四节 P13。

28. 下列说法正确的是（　　）。

Ⅰ. 创业投资基金可用多种机制获取真实信息

Ⅱ. 创业投资基金可实现风险和期望收益的均衡匹配

Ⅲ. 创业投资基金可通过投资后管理提高创业成功的可能性

Ⅳ. 创业投资基金所进行的股权投资无须被投资企业提供担保

A. Ⅰ

B. Ⅰ、Ⅱ

C. Ⅰ、Ⅱ、Ⅲ

D. Ⅰ、Ⅱ、Ⅲ、Ⅳ

答案：D

知识点：创业投资对中小微企业融资的支持；见教材第一章第四节 P13。

29．创业投资基金支持起来的著名科技企业包括（　　）。

Ⅰ．微软

Ⅱ．百度

Ⅲ．阿里

Ⅳ．华为

A．Ⅰ

B．Ⅰ、Ⅱ

C．Ⅰ、Ⅱ、Ⅲ

D．Ⅰ、Ⅱ、Ⅲ、Ⅳ

答案：C

知识点：创业投资对科技创新的贡献；见教材第一章第四节 P14。

30．下列说法正确的是（　　）。

Ⅰ．二级股票市场低迷时互联网企业通常估值较低

Ⅱ．并购基金倾向寻找拥有先进技术或商业模式但运营质量较差的企业作为并购对象

Ⅲ．并购基金有时收购某家大企业然后进行"化整为零"的拆分

Ⅳ．并购基金有时收购若干家企业进行"化零为整"的合并

A．Ⅰ

B．Ⅰ、Ⅱ

C．Ⅰ、Ⅱ、Ⅲ

D．Ⅰ、Ⅱ、Ⅲ、Ⅳ

答案：D

知识点：并购基金对产业转型和升级的贡献；见教材第一章第四节 P14。

31．股权投资基金对于（　　）具有重要作用。

Ⅰ．支持企业重组重建

Ⅱ．解决中小企业融资难

Ⅲ．促进创新创业

Ⅳ．推动产业转型升级

A．Ⅰ

B．Ⅰ、Ⅱ

C．Ⅰ、Ⅱ、Ⅲ

D．Ⅰ、Ⅱ、Ⅲ、Ⅳ

答案：D

知识点：我国股权投资基金业的发展趋势；见教材第一章第四节 P15。

32. 下列说法错误的是（　　）。

Ⅰ. 未来金融市场将逐步由直接融资为主转向间接融资为主

Ⅱ. 未来我国经济的增长将由过去的要素驱动转向创新驱动

Ⅲ. 股权投资基金的运作模式与创新驱动的内在要求高度一致，面临着广阔的发展机遇

Ⅳ. 我国股权投资基金行业将迎来持续健康规范发展的新阶段

A. Ⅰ

B. Ⅰ、Ⅱ

C. Ⅰ、Ⅱ、Ⅲ

D. Ⅰ、Ⅱ、Ⅲ、Ⅳ

答案：A

知识点：我国股权投资基金业的发展趋势；见教材第一章第四节 P15。

第二章　股权投资基金参与主体

一、单项选择题（以下各小题所给出的 **4** 个选项中，只有 **1** 项最符合题目要求，请将正确选项的代码填入括号内，不填、错填均不得分）

1. 下列（　　　）不是股权投资基金的当事人。

A. 基金管理人

B. 基金托管人

C. 基金服务机构

D. 行业自律组织

答案：D

知识点：股权投资基金投资者的概念、权利和常见类型；见教材第二章第一节 P19。

2. 按其所持有的基金份额享受收益和承担风险的是（　　　）。

A. 基金管理人

B. 基金托管人

C. 基金投资者

D. 原始股东

答案：C

知识点：股权投资基金投资者的概念、权利和常见类型；见教材第二章第一节 P19。

3. 股权投资基金通常以（　　　）募集资金。

A. 非公开方式

B. 公开方式

C. 委托方式

D. 自行方式

答案：A

知识点：股权投资基金管理人的概念、职责和准入；见教材第二章第一节 P19。

4. 基金产品的募集者和管理者是（　　　）。

A. 基金管理人

B. 基金托管人

C. 基金投资者

D. 原始股东

答案：A

知识点：股权投资基金管理人的概念、职责和准入；见教材第二章第一节 P20。

5. 基金托管人按照相关法律的规定和托管协议的约定，根据（　　）的指令，及时办理清算、交割事宜。

A. 基金投资者

B. 董事会

C. 基金管理人

D. 原始股东

答案：C

知识点：股权投资基金托管人的概念、职责和作用；见教材第二章第一节 P20。

6. 一般来说，公募基金采取（　　）。

A. 非强制托管

B. 强制托管

C. 委托托管

D. 自行托管

答案：B

知识点：基金财产保管机构的概念，基金财产保管和基金托管的区别；见教材第二章第二节 P21。

7. 担任基金或基金管理人的审计机构的会计师事务所由（　　）委任。

A. 基金投资者

B. 董事会

C. 基金管理人

D. 原始股东

答案：C

知识点：会计师事务所提供的服务内容；见教材第二章第二节 P23。

8. （　　）可以参与选择承办基金审计业务的审计机构。

A. 基金投资者

B. 董事会

C. 基金管理人

D. 原始股东

答案：A

知识点：会计师事务所提供的服务内容；见教材第二章第二节 P23。

9. 最具权威、最为有效的监管是（　　）。

A. 行业自律

B. 内部控制

C. 社会力量监督

D. 政府监管

答案：D

知识点：股权投资基金监管的概念、特征、目标、基本原则以及监管机构；见教材第二章第三节 P25。

10. 股权投资基金监管的首要目标是（　　），是股权投资基金行业赖以存在和发展的基础。

A. 防范系统性金融风险

B. 保护基金投资者合法权益

C. 保护基金管理者合法权益

D. 保护基金托管人合法权益

答案：B

知识点：股权投资基金监管的概念、特征、目标、基本原则以及监管机构；见教材第二章第三节 P25。

11. （　　）是整个金融监管的基石，股权投资基金的监管也必须将防范系统性金融风险作为目标。

A. 防范系统性金融风险

B. 保护基金投资者合法权益

C. 保护基金管理者合法权益

D. 保护基金托管人合法权益

答案：A

知识点：股权投资基金监管的概念、特征、目标、基本原则以及监管机构；见教材第二章第三节 P25。

12. 股权投资基金监管活动要以价值最大化的方式实现基金监管的根本目标是指（　　）。

A. 依法监管

B. 高效监管

C. 适度监管

D. 分类监管

答案：B

知识点：股权投资基金监管的概念、特征、目标、基本原则以及监管机构；见教材第二章第三节 P26。

13. 下列关于适度监管原则的说法中，错误的是（　　）。

A. 对股权投资基金而言，政府监管不应直接干预基金机构内部的经营管理，监管范围应严格限定在基金市场失灵的领域

B. 市场失灵要求政府干预，但现代市场经济的政府干预应是"适度"的干预，即政府监管应适度

C. 政府监管体现了政府对经济的干预。市场经济的实践及经济学的理论都已经证明，市场不是万能的，而是存在其自身无法克服的种种缺陷，即市场失灵

D. 应完善股权投资基金行业自律机制、健全基金机构内控机制和培育社会力量监督机制，充分发挥行业自律、基金机构内控和社会力量监督的积极作用，形成以政府监管为核心、行业自律为纽带、机构内控为基础、社会监督为补充的"五位一体"的监管格局

答案：D

知识点：股权投资基金监管的概念、特征、目标、基本原则以及监管机构；见教材第二章第三节 P27。

14. 我国股权投资基金的监管机构为（　　）。

A. 国务院

B. 中国证监会

C. 中国人民银行

D. 中国证券业协会

答案：B

知识点：股权投资基金监管的概念、特征、目标、基本原则以及监管机构；见教材第二章第五节 P27。

15. 我国股权投资基金行业的自律组织是（　　）。

A. 国务院

B. 中国证监会

C. 中国人民银行

D. 中国证券投资基金业协会

答案：D

知识点：股权投资基金的政府监管和行业自律机构；见教材第二章第五节 P29。

二、组合型单项选择题（以下各小题所给出的 4 个选项中，只有 1 项最符合题目要求，请将正确选项的代码填入括号内，不填、错填、漏填均不得分）

1. 股权投资基金投资者是（　　）。

Ⅰ. 基金财产的所有者

Ⅱ. 基金投资回报的受益人

Ⅲ. 基金公司的股东

Ⅳ. 基金的出资人

A. Ⅰ、Ⅱ、Ⅳ

B. Ⅰ、Ⅲ、Ⅳ

C. Ⅱ、Ⅲ、Ⅳ

D. Ⅰ、Ⅱ、Ⅲ、Ⅳ

答案：A

知识点：股权投资基金投资者的概念、权利和常见类型；见教材第二章第一节 P19。

2. 基金投资者享有（　　）权利。

Ⅰ. 分享基金财产收益

Ⅱ. 参与分配清算后的剩余基金财产

Ⅲ. 依法转让或者申请赎回其持有的基金份额

Ⅳ. 对基金管理人和基金市场服务机构损害其合法权益的行为依法提出诉讼

A. Ⅰ、Ⅱ、Ⅳ

B. Ⅰ、Ⅲ、Ⅳ

C. Ⅱ、Ⅲ、Ⅳ

D. Ⅰ、Ⅱ、Ⅲ、Ⅳ

答案：D

知识点：股权投资基金投资者的概念、权利和常见类型；见教材第二章第一节 P19。

3. 股权投资基金的投资者应当为具备（　　）的合格投资者。

Ⅰ. 风险识别能力

Ⅱ. 风险承担能力

Ⅲ. 风险转嫁能力

Ⅳ. 风险管控能力

A. Ⅰ、Ⅱ

B. Ⅱ、Ⅲ

C. Ⅰ、Ⅲ、Ⅳ

D. Ⅰ、Ⅱ、Ⅲ、Ⅳ

答案：A

知识点：股权投资基金投资者的概念、权利和常见类型；见教材第二章第一节 P19。

4. 股权投资基金的投资者主要包括（　　）。

Ⅰ. 个人投资者、货币市场基金

Ⅱ. 工商企业、金融机构

Ⅲ. 社会保障基金、企业年金

Ⅳ. 社会公益基金、政府引导基金、母基金

A. Ⅰ、Ⅱ、Ⅲ

B. Ⅰ、Ⅱ、Ⅳ

C. Ⅱ、Ⅲ、Ⅳ

D. Ⅰ、Ⅱ、Ⅲ、Ⅳ

答案：C

知识点：股权投资基金投资者的概念、权利和常见类型；见教材第二章第一节 P19。

5. 在基金运作中，（　　）等重要职能多半由基金管理人或基金管理人选定的其他服务机构承担。

Ⅰ. 基金产品的设计

Ⅱ. 基金份额的销售

Ⅲ. 基金份额的备案

Ⅳ. 基金资产的管理

A. Ⅰ、Ⅱ、Ⅲ

B. Ⅰ、Ⅱ、Ⅳ

C. Ⅱ、Ⅲ、Ⅳ

D. Ⅰ、Ⅱ、Ⅲ、Ⅳ

答案：D

知识点：股权投资基金管理人的概念、职责和准入；见教材第二章第一节 P20。

6. 股权投资基金管理人最主要的职责是（　　）。

Ⅰ. 按照基金合同的约定，负责基金资产的投资运作

Ⅱ. 执行基金管理人的投资指令

Ⅲ. 在有效控制风险的基础上为基金投资者争取最大的投资收益

Ⅳ. 保管基金资产

A. Ⅰ、Ⅱ

B. Ⅰ、Ⅲ

C. Ⅰ、Ⅱ、Ⅳ

D. Ⅱ、Ⅲ、Ⅳ

答案：B

知识点：股权投资基金管理人的概念、职责和准入；见教材第二章第一节 P20。

7. 下列关于股权投资基金管理人的说法中，正确的有（　　）。

Ⅰ. 公开募集基金的基金管理人有严格的准入限制，而非公开募集基金的基金管理人的准入限制较宽松

Ⅱ. 我国目前股权投资基金只能公开募集，基金管理人须获中国证监会行政审批

Ⅲ. 基金管理人受托管理基金财产，应勤勉、忠实并且审慎尽职地履行受托责任，并有权根据约定收取相应收入

Ⅳ. 股权投资基金管理人是基金产品的募集者和管理者，其最主要的职责是按照基金合同的约定，负责基金资产的投资运作，在有效控制风险的基础上为基金投资者争取最大的投资收益

A. Ⅰ、Ⅱ、Ⅲ

B. Ⅰ、Ⅲ、Ⅳ

C. Ⅰ、Ⅱ、Ⅳ

D. Ⅱ、Ⅲ、Ⅳ

答案：B

知识点：股权投资基金管理人的概念、职责和准入；见教材第二章第一节 P20。

8. 基金托管人主要履行（   ）职责。

Ⅰ. 安全保管基金财产

Ⅱ. 按照规定开设基金资金账户

Ⅲ. 将托管资金与基金托管机构自有财产严格分开

Ⅳ. 保存基金托管业务活动的记录、账册、报表和其他相关资料

A. Ⅰ、Ⅱ、Ⅲ、Ⅳ

B. Ⅰ、Ⅲ、Ⅳ

C. Ⅰ、Ⅱ、Ⅳ

D. Ⅱ、Ⅲ、Ⅳ

答案：A

知识点：股权投资基金管理人的概念、职责和准入；见教材第二章第一节 P20。

9. 基金托管人的作用是（   ）。

Ⅰ. 基金财产由独立于基金管理人的基金托管人保管，可以防止基金财产挪作他用，有利于保障基金资产的安全

Ⅱ. 基金托管人对基金管理人的投资运作（包括投资对象、投资范围、投资比例、禁止投资行为等）进行监督，可以促使基金管理人按照有关法律法规和基金合同的要求运作基金财产，有利于保护基金投资者的合法权益

Ⅲ. 基金托管人对基金财产所进行的会计复核和净值计算，有利于防范、减少基金会计核算中的差错

Ⅳ. 基金托管人可保证基金份额净值和会计核算的真实性和准确性

A. Ⅰ、Ⅱ、Ⅲ、Ⅳ

B. Ⅰ、Ⅲ、Ⅳ

C. Ⅰ、Ⅱ、Ⅳ

D. Ⅱ、Ⅲ、Ⅳ

答案：A

知识点：股权投资基金管理人的概念、职责和准入；见教材第二章第一节 P21。

10. 股权投资基金服务机构主要包括（　　）。

Ⅰ. 基金财产保管机构

Ⅱ. 基金销售机构

Ⅲ. 律师事务所

Ⅳ. 会计师事务所

A. Ⅰ、Ⅱ、Ⅲ

B. Ⅰ、Ⅱ、Ⅳ

C. Ⅱ、Ⅲ、Ⅳ

D. Ⅰ、Ⅱ、Ⅲ、Ⅳ

答案：D

知识点：基金财产保管机构的概念，基金财产保管和基金托管的区别；见教材第二章第二节 P21。

11. 基金财产保管机构的必然基金当事人是（　　）。

Ⅰ. 基金托管人

Ⅱ. 基金管理者

Ⅲ. 基金投资者

Ⅳ. 基金销售机构

A. Ⅰ、Ⅱ、Ⅲ

B. Ⅰ、Ⅱ

C. Ⅱ、Ⅲ、Ⅳ

D. Ⅰ、Ⅱ、Ⅲ、Ⅳ

答案：A

知识点：基金财产保管机构的概念，基金财产保管和基金托管的区别；见教材第二章第二节 P21 ~ P22。

12. 私募类型的股权投资基金，通常由（　　）约定是否进行托管。

Ⅰ. 基金托管人

Ⅱ. 基金管理者

Ⅲ. 基金投资者

Ⅳ. 基金销售机构

A. Ⅰ、Ⅱ、Ⅲ

B. Ⅰ、Ⅱ

C. Ⅱ、Ⅲ

D. Ⅰ、Ⅲ、Ⅳ

答案：C

知识点：基金财产保管机构的概念，基金财产保管和基金托管的区别；见教材第二章第二节 P21。

13. 基金财产保管和基金托管的区别是（　　）。

Ⅰ. 在选择托管的情况下，管理人和托管人对投资者同时承担双重受托责任

Ⅱ. 在选择托管的情况下，基金资产保管机构作为基金管理人的代理人，对基金资产承担保管责任

Ⅲ. 选择保管的情况下，管理人和托管人对投资者同时承担双重受托责任

Ⅳ. 选择保管的情况下，基金资产保管机构作为基金管理人的代理人，对基金资产承担保管责任

A. Ⅰ、Ⅲ

B. Ⅰ、Ⅳ

C. Ⅱ、Ⅲ

D. Ⅱ、Ⅳ

答案：B

知识点：基金财产保管机构的概念，基金财产保管和基金托管的区别；见教材第二章第二节 P22。

14. 股权投资基金的募集，可分为（　　）。

Ⅰ. 自行募集

Ⅱ. 公开募集

Ⅲ. 非公开募集

Ⅳ. 委托募集

A. Ⅰ、Ⅲ、Ⅳ

B. Ⅰ、Ⅳ

C. Ⅰ、Ⅱ、Ⅲ

D. Ⅱ、Ⅳ

答案：B

知识点：基金销售机构的概念和常见类型；见教材第二章第二节 P22。

15. 受托募集的第三方机构就是基金销售机构，为基金管理人提供（　　）等募集服务。

Ⅰ. 推介基金

Ⅱ. 发售基金份额

Ⅲ. 办理基金份额认缴

Ⅳ. 退出

A. Ⅰ、Ⅲ、Ⅳ

B. Ⅰ、Ⅱ、Ⅳ

C. Ⅰ、Ⅱ、Ⅲ、Ⅳ

D. Ⅱ、Ⅲ、Ⅳ

答案：C

知识点：基金销售机构的概念和常见类型；见教材第二章第二节 P22。

16. 基金销售机构在提供募集服务的过程中应该（　　）。

Ⅰ. 将基金管理人的基金募集材料及时完整地提供给潜在基金投资者

Ⅱ. 全面如实披露投资风险及可能的投资损失

Ⅲ. 不得隐瞒任何重要信息

Ⅳ. 不得对募集材料中的信息作出任何误导性陈述

A. Ⅰ、Ⅲ、Ⅳ

B. Ⅰ、Ⅱ、Ⅲ、Ⅳ

C. Ⅰ、Ⅱ、Ⅳ

D. Ⅱ、Ⅲ、Ⅳ

答案：B

知识点：基金销售机构的概念和常见类型；见教材第二章第二节 P22。

17. 常见的股权投资基金销售机构主要包括（　　）等。

Ⅰ. 商业银行

Ⅱ. 事务所

Ⅲ. 证券公司

Ⅳ. 期货公司

A. Ⅰ、Ⅲ、Ⅳ

B. Ⅰ、Ⅱ、Ⅳ

C. Ⅰ、Ⅱ、Ⅲ、Ⅳ

D. Ⅱ、Ⅲ、Ⅳ

答案：A

知识点：基金销售机构的概念和常见类型；见教材第二章第二节 P22。

18. 股权投资基金份额登记机构提供基金份额的（　　）等服务。

Ⅰ. 登记

Ⅱ. 过户

Ⅲ. 保管

Ⅳ. 结算

A. Ⅰ、Ⅲ、Ⅳ

B. Ⅰ、Ⅱ、Ⅳ

C. Ⅰ、Ⅱ、Ⅲ、Ⅳ

D. Ⅱ、Ⅲ、Ⅳ

答案：C

知识点：基金销售机构的概念和常见类型；见教材第二章第二节 P22。

19. 基金份额登记机构提供的服务包括（　　）。

Ⅰ. 建立并管理投资者的基金账户

Ⅱ. 负责基金份额的登记及资金结算

Ⅲ. 基金交易确认

Ⅳ. 保管管理者名册

A. Ⅰ、Ⅲ、Ⅳ

B. Ⅰ、Ⅱ、Ⅲ

C. Ⅰ、Ⅱ、Ⅲ、Ⅳ

D. Ⅱ、Ⅲ、Ⅳ

答案：B

知识点：基金销售机构的概念和常见类型；见教材第二章第二节 P22。

20. 股权投资基金在（　　）及基金清算等各个阶段，皆会涉及诸多法律问题。

Ⅰ. 设立

Ⅱ. 投资

Ⅲ. 投资后管理

Ⅳ. 项目退出

A. Ⅰ、Ⅲ、Ⅳ

B. Ⅰ、Ⅱ、Ⅲ

C. Ⅰ、Ⅱ、Ⅲ、Ⅳ

D. Ⅱ、Ⅲ、Ⅳ

答案：C

知识点：律师事务所提供的服务内容；见教材第二章第二节 P22。

21. 在股权投资基金的募集与设立阶段，律师提供的服务包括（　　）。

Ⅰ. 协助基金投资人设计基金的组织形式及内部结构

Ⅱ. 根据基金管理人与基金投资者的商务安排，起草相关的基金法律文件

Ⅲ. 在基金管理人委托的范围内，对基金投资者的资质进行审核

Ⅳ. 协助完成基金管理人登记和基金备案工作，并根据需要出具相应的法律意见书

A. Ⅰ、Ⅲ、Ⅳ

B. Ⅰ、Ⅱ、Ⅲ

C. Ⅰ、Ⅱ、Ⅲ、Ⅳ

D. Ⅱ、Ⅲ、Ⅳ

答案：D

知识点：律师事务所提供的服务内容；见教材第二章第二节 P23。

22. 在股权投资基金的投资及投资后管理阶段，律师提供的服务包括（　　）。

Ⅰ. 就基金的投资领域、投资方向的限制向基金管理人提供咨询服务

Ⅱ. 在初步确定拟投资企业后，律师按照基金管理人的委托，勤勉审慎地对拟投资企业进行法律尽职调查，提交法律尽职调查报告或法律意见书，协助基金管理人分析投资涉及的法律问题和风险

Ⅲ. 在投资后管理阶段，按照基金管理人的委托，根据投资法律文件的约定，保护基金在拟投资企业中的合法权益

Ⅳ. 协助完成基金管理人登记和基金备案工作，并根据需要出具相应的法律意见书

A. Ⅰ、Ⅲ、Ⅳ

B. Ⅰ、Ⅱ、Ⅲ

C. Ⅰ、Ⅱ、Ⅲ、Ⅳ

D. Ⅱ、Ⅲ、Ⅳ

答案：B

知识点：律师事务所提供的服务内容；见教材第二章第二节 P23。

23. 在股权投资基金的清算阶段，律师提供的服务包括（　　）。

Ⅰ. 按照法律规定和基金合同的约定，协助确定清算主体

Ⅱ. 协助清算主体制订清算方案

Ⅲ. 协助实施清算方案，包括通知债权人、确认基金财产、分配基金财产

Ⅳ. 对清算人出具的清算报告进行合规性审核

A. Ⅰ、Ⅲ、Ⅳ

B. Ⅰ、Ⅱ、Ⅲ

C. Ⅰ、Ⅱ、Ⅲ、Ⅳ

D. Ⅱ、Ⅲ、Ⅳ

答案：C

知识点：律师事务所提供的服务内容；见教材第二章第二节 P23。

24. 会计师事务所在股权投资基金（　　）等各个阶段中提供多方面的专业服务。

Ⅰ. 募集与设立

Ⅱ. 投资

Ⅲ. 投资后管理

Ⅳ. 项目退出及基金清算

A. Ⅰ、Ⅲ、Ⅳ

B. Ⅰ、Ⅱ、Ⅲ

C. Ⅰ、Ⅱ、Ⅲ、Ⅳ

D. Ⅱ、Ⅲ、Ⅳ

答案：C

知识点：会计师事务所提供的服务内容；见教材第二章第二节 P23。

25. 会计师事务所提供多方面的专业服务，包括（　　）等。

Ⅰ. 审计、财务和税务尽职调查

Ⅱ. 财务会计咨询

Ⅲ. 内部控制咨询、估值

Ⅳ. 律师咨询

A. Ⅰ、Ⅲ、Ⅳ

B. Ⅰ、Ⅱ、Ⅲ

C. Ⅰ、Ⅱ、Ⅲ、Ⅳ

D. Ⅱ、Ⅲ、Ⅳ

答案：B

知识点：会计师事务所提供的服务内容；见教材第二章第二节 P23。

26. 股权投资基金具有（　　）等特点。

Ⅰ. 信息透明度较低

Ⅱ. 产品设计复杂

Ⅲ. 流动性高

Ⅳ. 风险性较高

A. Ⅰ、Ⅲ、Ⅳ

B. Ⅰ、Ⅱ、Ⅲ

C. Ⅰ、Ⅱ、Ⅳ

D. Ⅱ、Ⅲ、Ⅳ

答案：C

知识点：股权投资基金监管的概念、特征、目标、基本原则以及监管机构；见教材第二章第三节 P24。

27. 广义的股权投资基金监管，是指有（　　）对股权投资基金市场、基金市场主体及其活动的监督管理。

Ⅰ. 法定监管权的政府机构

Ⅱ. 行业自律组织

Ⅲ. 基金机构内部监督部门

Ⅳ. 社会力量

A. Ⅰ、Ⅲ、Ⅳ

B. Ⅰ、Ⅱ、Ⅲ

C. Ⅰ、Ⅱ、Ⅳ

D. Ⅰ、Ⅱ、Ⅲ、Ⅳ

答案：D

知识点：股权投资基金监管的概念、特征、目标、基本原则以及监管机构；见教材第二章第三节 P24。

28. 狭义的股权投资基金监管，一般专指（　　）对股权投资基金市场、基金市场主体及其活动的监督管理。

Ⅰ. 政府监管机构

Ⅱ. 行业自律组织

Ⅲ. 基金机构内部监督部门

Ⅳ. 社会力量

A. Ⅰ

B. Ⅰ、Ⅱ

C. Ⅰ、Ⅱ、Ⅳ

D. Ⅰ、Ⅲ、Ⅳ

答案：A

知识点：股权投资基金监管的概念、特征、目标、基本原则以及监管机构；见教材第二章第三节 P24。

29. 政府监管对（　　）具有重大意义。

Ⅰ. 提高股权投资基金行业效率

Ⅱ. 维护股权投资基金行业的良好秩序

Ⅲ. 保护股权投资基金投资者利益

Ⅳ. 保护股权投资基金参与主体利益

A. Ⅰ、Ⅲ、Ⅳ

B. Ⅰ、Ⅱ、Ⅲ

C. Ⅰ、Ⅱ、Ⅳ

D. Ⅰ、Ⅱ、Ⅲ、Ⅳ

答案：B

知识点：股权投资基金监管的概念、特征、目标、基本原则以及监管机构；见教材

第二章第三节 P25。

30. 股权投资基金的政府监管相对于（　　　）具有法定性和强制性特征。

Ⅰ. 行业自律

Ⅱ. 内部控制

Ⅲ. 法律制度

Ⅳ. 社会力量监督

A. Ⅰ、Ⅲ、Ⅳ

B. Ⅰ、Ⅱ、Ⅲ

C. Ⅰ、Ⅱ、Ⅳ

D. Ⅰ、Ⅱ、Ⅲ、Ⅳ

答案：C

知识点：股权投资基金监管的概念、特征、目标、基本原则以及监管机构；见教材第二章第三节 P25。

31. 基金投资者的合法权益应当被保护，使其免于（　　　）的侵害。

Ⅰ. 滥用客户资产

Ⅱ. 内幕交易

Ⅲ. 欺诈行为

Ⅳ. 操纵行为

A. Ⅰ、Ⅲ、Ⅳ

B. Ⅰ、Ⅱ、Ⅲ

C. Ⅰ、Ⅱ、Ⅳ

D. Ⅰ、Ⅱ、Ⅲ、Ⅳ

答案：D

知识点：股权投资基金监管的概念、特征、目标、基本原则以及监管机构；见教材第二章第三节 P25。

32. 下列关于保护基金投资者合法权益的说法中，正确的有（　　　）。

Ⅰ. 保护基金投资者合法权益是股权投资基金监管的首要目标，是股权投资基金行业赖以存在和发展的基础

Ⅱ. 保护基金投资者合法权益是监管的重中之重，股权投资基金监管必须切实保护基金投资者的合法权益

Ⅲ. 基金投资者是股权投资基金市场的支撑者，只有基金投资者的合法权益得到应有保护，才能鼓励基金投资者把资金投资于股权投资基金行业，股权投资基金行业才能发展

Ⅳ. 基金投资者的合法权益应当被保护，使其免于滥用客户资产、内幕交易等欺诈、

操纵行为的侵害

A. Ⅰ、Ⅲ、Ⅳ

B. Ⅰ、Ⅱ、Ⅲ

C. Ⅰ、Ⅱ、Ⅳ

D. Ⅰ、Ⅱ、Ⅲ、Ⅳ

答案：D

知识点：股权投资基金监管的概念、特征、目标、基本原则以及监管机构；见教材第二章第三节 P25。

33. 股权投资基金监管的基本原则有（　　　）。

Ⅰ. 依法监管原则

Ⅱ. 高效监管原则

Ⅲ. 适度监管原则

Ⅳ. 审慎监管原则

A. Ⅰ、Ⅲ、Ⅳ

B. Ⅰ、Ⅱ、Ⅲ、Ⅳ

C. Ⅰ、Ⅱ、Ⅳ

D. Ⅱ、Ⅲ、Ⅳ

答案：B

知识点：股权投资基金监管的概念、特征、目标、基本原则以及监管机构；见教材第二章第三节 P26～P27。

34. 下列关于高效监管原则的说法中，正确的有（　　　）。

Ⅰ. 高效监管原则，首先要求监管机构具有权威性，要赋予监管机构合法的监管地位以及合理的监管权限和职责

Ⅱ. 高效监管原则还要求确定合理的监管内容体系，要有所管有所不管，要管得有效。同时，对于违法行为，要规定明确的法律责任和制裁手段

Ⅲ. 高效监管原则可以有效地保护合法的基金活动，制止基金市场上的非法行为

Ⅳ. 高效监管原则可以切实保障股权投资基金市场的秩序，提高市场效率，保护投资者的根本利益

A. Ⅰ、Ⅲ、Ⅳ

B. Ⅰ、Ⅱ、Ⅲ、Ⅳ

C. Ⅰ、Ⅱ、Ⅳ

D. Ⅱ、Ⅲ、Ⅳ

答案：B

知识点：股权投资基金监管的概念、特征、目标、基本原则以及监管机构；见教材

第二章第三节 P26。

35. 从投资对象来看，股权投资基金主要可以分为（　　）。

Ⅰ. 创业投资基金

Ⅱ. 定向增发基金

Ⅲ. 并购基金

Ⅳ. 人民币股权投资基金

A. Ⅰ、Ⅲ、Ⅳ

B. Ⅰ、Ⅲ

C. Ⅰ、Ⅱ、Ⅳ

D. Ⅱ、Ⅲ、Ⅳ

答案：B

知识点：股权投资基金监管的概念、特征、目标、基本原则以及监管机构；见教材第二章第三节 P27。

36. 行业规则包括（　　）。

Ⅰ. 信息披露

Ⅱ. 利益冲突

Ⅲ. 内部治理与运营

Ⅳ. 行业行为守则

A. Ⅰ、Ⅲ、Ⅳ

B. Ⅰ、Ⅲ

C. Ⅰ、Ⅱ、Ⅳ

D. Ⅰ、Ⅱ、Ⅲ、Ⅳ

答案：D

知识点：股权投资基金行业自律的概念，自律的重要性，自律与监管的关系，自律机构；见教材第二章第三节 P28。

37. 行业自律与政府监管的联系是（　　）。

Ⅰ. 目的一致，都是确保国家有关股权投资基金的相关法律、法规、规章和政策得到贯彻执行，保护投资者的合法权益

Ⅱ. 行业自律是对政府监管的积极补充

Ⅲ. 行业自律组织在政府监管机构和市场主体之间起着桥梁和纽带作用

Ⅳ. 行业自律组织弥补了市场缺陷

A. Ⅰ、Ⅲ、Ⅳ

B. Ⅰ、Ⅱ、Ⅲ

C. Ⅰ、Ⅱ、Ⅳ

D. Ⅰ、Ⅱ、Ⅲ、Ⅳ

答案：B

知识点：股权投资基金行业自律的概念，自律的重要性，自律与监管的关系，自律机构；见教材第二章第三节 P28。

38. 行业自律与政府监管的区别是（　　）。

Ⅰ. 性质不同。政府监管带有行政管理的性质，而行业自律是行业的自我约束

Ⅱ. 依据不同。政府监管依据国家的有关法律、法规、规章和政策，而行业自律除了依据国家的有关法律、法规、规章和政策外，还依据行业自律组织制定的章程、业务规则、细则

Ⅲ. 对违法违规者的处罚不同。政府监管机构可以对违法违规的市场主体采取责令改正、监管谈话、出具警示函、公开谴责等行政监管措施和行政处罚

Ⅳ. 行业自律组织对其成员的处罚较轻，一般为公开谴责、暂停会员资格、取消会员资格等

A. Ⅰ、Ⅲ、Ⅳ

B. Ⅰ、Ⅱ、Ⅲ

C. Ⅰ、Ⅱ、Ⅳ

D. Ⅰ、Ⅱ、Ⅲ、Ⅳ

答案：D

知识点：股权投资基金行业自律的概念，自律的重要性，自律与监管的关系，自律机构；见教材第二章第三节 P28。

39. 股权投资基金行业自律的重要性，由（　　）决定。

Ⅰ. 政府有限监管

Ⅱ. 行业整体要求

Ⅲ. 市场对监管的要求

Ⅳ. 行业整体利益

A. Ⅰ、Ⅲ、Ⅳ

B. Ⅰ、Ⅱ、Ⅲ

C. Ⅰ、Ⅳ

D. Ⅰ、Ⅱ、Ⅲ、Ⅳ

答案：C

知识点：股权投资基金行业自律的概念，自律的重要性，自律与监管的关系，自律机构；见教材第二章第三节 P28。

40. 下列关于股权投资基金行业自律的重要性的说法中，正确的有（　　）。

Ⅰ. 采取什么样的政府监管，取决于监管效率的最大化

Ⅱ.国际上对股权基金普遍采取政府监管的方式

Ⅲ.各国对私募类股权投资基金一般采取有限监管

Ⅳ.行业自律的重要性是由私募类股权投资基金如下特质决定的：仅面向有相应风险识别能力和风险承受能力的合格投资者募集资金，单只基金的投资者个数有限，且不得公开宣传

A. Ⅰ、Ⅲ、Ⅳ

B. Ⅰ、Ⅱ、Ⅲ

C. Ⅰ、Ⅳ

D. Ⅰ、Ⅱ、Ⅲ、Ⅳ

答案：A

知识点：股权投资基金行业自律的概念，自律的重要性，自律与监管的关系，自律机构；见教材第二章第三节 P28。

41.股权投资基金行业自律组织的作用有（　　）。

Ⅰ.提供行业服务，促进行业交流和创新，提升行业职业素质，提高行业竞争力

Ⅱ.发挥行业与政府间的桥梁与纽带作用，维护行业合法权益，促进公众对行业的理解，提升行业声誉

Ⅲ.履行行业自律管理，促进行业合规经营，维护行业的正当经营秩序

Ⅳ.促进会员忠实履行受托义务和社会责任，推动行业持续稳定健康发展

A. Ⅰ、Ⅲ、Ⅳ

B. Ⅰ、Ⅱ、Ⅲ

C. Ⅰ、Ⅳ

D. Ⅰ、Ⅱ、Ⅲ、Ⅳ

答案：D

知识点：股权投资基金行业自律的概念，自律的重要性，自律与监管的关系，自律机构；见教材第二章第三节 P29。

42.中国证券投资基金业协会是我国股权投资基金的自律组织，依法对股权投资基金业（　　）。

Ⅰ.开展行业自律

Ⅱ.提供行业服务

Ⅲ.促进行业发展

Ⅳ.协调行业关系

A. Ⅰ、Ⅱ、Ⅲ、Ⅳ

B. Ⅱ、Ⅲ、Ⅳ

C. Ⅰ、Ⅱ、Ⅳ

D．Ⅰ、Ⅲ、Ⅳ

答案：A

知识点：股权投资基金行业自律的概念，自律的重要性，自律与监管的关系，自律机构；见教材第二章第三节 P29。

第三章 股权投资基金分类

一、单项选择题（以下各小题所给出的 **4** 个选项中，只有 **1** 项最符合题目要求，请将正确选项的代码填入括号内，不填、错填均不得分）

1. 向处于各个创业阶段的未上市成长性企业进行的股权投资是（　　）。

A. 创业投资

B. 定向增发基金

C. 并购基金

D. 内资人民币股权投资基金

答案：A

知识点：创业投资的概念，创业投资基金的定义和运作特点；见教材第三章第一节 P33。

2. 创业投资是指向处于创建或重建过程中的（　　）进行股权投资。

A. 成熟企业

B. 未上市成长性创业企业

C. 已上市创业企业

D. 上市企业

答案：B

知识点：创业投资的概念，创业投资基金的定义和运作特点；见教材第三章第一节 P33。

3. 创业投资以期所投资创业企业发育成熟或相对成熟后，主要通过（　　）获取资本增值收益的投资方式。

A. 银行贷款

B. 股权变更

C. 股权转让

D. 资金融资

答案：C

知识点：创业投资的概念，创业投资基金的定义和运作特点；见教材第三章第一节 P33。

4. （　　）是指除被投资企业职员及其家庭成员和直系亲属以外的个人以其自有资

金直接开展的创业投资活动。

A. 银行贷款

B. 风险投资

C. 项目投资

D. 天使投资

答案：D

知识点：创业投资的概念，创业投资基金的定义和运作特点；见教材第三章第一节 P33。

5. 创业投资基金通过（　　）的形式对企业的增量股权进行投资，从而为企业提供发展所需的资金。

A. 银行贷款

B. 股权转让

C. 注资

D. 发行债券

答案：C

知识点：创业投资的概念，创业投资基金的定义和运作特点；见教材第三章第一节 P33。

6. 创业投资基金从投资方式来看，通常采取（　　）方式。

A. 股权转让

B. 参股性投资

C. 控股性融资

D. 发行债券

答案：B

知识点：创业投资的概念，创业投资基金的定义和运作特点；见教材第三章第一节 P34。

7. 主要对企业进行财务性并购投资的股权投资基金是（　　）。

A. 创业投资基金

B. 定向增发基金

C. 并购基金

D. 内资人民币股权投资基金

答案：C

知识点：并购基金的概念，杠杆收购基金的运作特点、投资方式、投资对象、投资分析以及作用；见教材第三章第一节 P34。

8. 并购基金通过购买（　　）的形式对企业的存量股权进行投资。

A. 股权

B. 票据

C. 债券

D. 基金

答案：A

知识点：并购基金的概念，杠杆收购基金的运作特点、投资方式、投资对象、投资分析以及作用；见教材第三章第一节 P34。

9. 杠杆收购基金对目标企业进行投资的方式是（　　）。

A. 资产证券化

B. 非杠杆收购

C. 杠杆融资

D. 杠杆收购

答案：D

知识点：并购基金的概念，杠杆收购基金的运作特点、投资方式、投资对象、投资分析以及作用；见教材第三章第一节 P34。

10. 杠杆收购的主要资金来源是（　　）。

A. 银行贷款

B. 实收资本

C. 股东注入资金

D. 企业经营利润

答案：A

知识点：并购基金的概念，杠杆收购基金的运作特点、投资方式、投资对象、投资分析以及作用；见教材第三章第一节 P35。

11. 下列关于循环贷款的说法中，错误的是（　　）。

A. 循环贷款提供的资金用于满足目标企业日常营运资本需求，目标公司需要时可以随时在授信额度内向银行贷款，满足其灵活性需求

B. 循环贷款的特殊之处在于这部分贷款可以反复地借贷与偿还，前提是要与银行签订信用协议并缴纳一定的费用

C. 循环贷款通常是杠杆收购中成本最低的债务融资方式

D. 循环贷款不能享有最高级别的优先偿还权

答案：D

知识点：并购基金的概念，杠杆收购基金的运作特点、投资方式、投资对象、投资分析以及作用；见教材第三章第一节 P35 ~ P36。

12. 杠杆收购基金的每一笔投资都有其独特性，但共同点是都通过（　　）来完成

对目标企业的收购。

A. 风险杠杆

B. 财务杠杆

C. 信用杠杆

D. 经营杠杆

答案：B

知识点：并购基金的概念，杠杆收购基金的运作特点、投资方式、投资对象、投资分析以及作用；见教材第三章第一节 P36。

13. 杠杆收购基金的投资分析，主要通过构建（ ）来实现。

A. 杠杆收购财务模型

B. 企业投资财务模型

C. PPP 财务模型

D. 财务风险模型

答案：A

知识点：并购基金的概念，杠杆收购基金的运作特点、投资方式、投资对象、投资分析以及作用；见教材第三章第一节 P36。

14. 测算投资回报，是通过计算（ ）来确定目标企业是否具有投资价值，杠杆收购基金能否获得合理的回报。

A. 资产收益率

B. 年化收益率

C. 内部收益率

D. 成本费用利润率

答案：C

知识点：并购基金的概念，杠杆收购基金的运作特点、投资方式、投资对象、投资分析以及作用；见教材第三章第一节 P36。

15. 在杠杆收购中募集高级债及夹层资本时，通常需在（ ）的协助下。

A. 商业银行

B. 投资银行

C. 证券公司

D. 基金管理人

答案：B

知识点：并购基金的概念，杠杆收购基金的运作特点、投资方式、投资对象、投资分析以及作用；见教材第三章第一节 P37。

16. 投资者是公司股东，依法享有股东权利，并以其投资额为限对公司债务承担有限责任的是（　　　）。

A. 契约型基金

B. 公司型基金

C. 信托型基金

D. 合伙型基金

答案：B

知识点：公司型基金的概念与特点；见教材第三章第二节 P38。

17. 下列关于公司型基金的表述中，正确的是（　　　）。

A. 公司型基金的参与主体主要为投资者、基金管理者和基金托管者

B. 是企业法人实体

C. 投资者享有直接管理基金的权利

D. 主要依据基金合同营运基金

答案：B

知识点：公司型基金的概念与特点；见教材第三章第二节 P38。

18. 投资者依据合伙企业法成立有限合伙企业，由普通合伙人对合伙债务承担无限连带责任，由基金管理人具体负责投资运作的基金是（　　　）。

A. 契约型基金

B. 公司型基金

C. 信托型基金

D. 合伙型基金

答案：D

知识点：合伙型基金的概念与特点；见教材第三章第二节 P39。

19. 下列关于合伙型基金的表述中，正确的有（　　　）。

A. 合伙型基金的参与主体主要为普通合伙人和有限合伙人两类

B. 有限合伙人可以参与公司投资决策

C. 基金按照合伙协议来运营

D. 普通合伙人不可自行担任基金管理人

答案：C

知识点：合伙型基金的概念与特点；见教材第三章第二节 P40。

20. 通过订立信托契约的形式设立的基金本质是（　　　）。

A. 契约型基金

B. 合伙型基金

C. 合约型基金

D. 公司型基金

答案：A

知识点：掌握契约型基金的架构、特点；见教材第三章第二节 P40。

21. 下列关于契约型基金的说法中，正确的是（　　）。

A. 契约型基金具有独立法人地位

B. 契约型基金的参与主体主要为基金投资者和基金管理人两类

C. 按照公司章程来经营

D. 基金投资者通过购买基金份额，享有基金投资收益

答案：D

知识点：掌握契约型基金的架构、特点；见教材第三章第二节 P40 ~ P41。

22. 基金托管人负责保管基金资产，执行（　　）的有关指令，办理基金名下的资金往来。

A. 投资人

B. 管理人

C. 合伙人

D. 托管人

答案：B

知识点：掌握契约型基金的架构、特点；见教材第三章第二节 P41。

23. 依据中国法律在中国境内设立的主要以人民币对中国境内进行投资的基金是（　　）。

A. 人民币股权投资基金

B. 股权投资基金

C. 外币股权投资基金

D. 创业投资基金

答案：A

知识点：人民币股权投资基金、内资人民币股权投资基金和外资人民币股权投资基金的概念；见教材第三章第三节 P42。

24. 中国国籍自然人或根据中国法律注册成立的公司、企业或其他经济组织依据中国法律在中国境内发起设立的主要以人民币对中国境内非公开交易股权进行投资的基金是（　　）。

A. 内资人民币股权投资基金

B. 外资人民币股权投资基金

C. 外币股权基金

D. 人民币股权投资基金

答案：A

知识点：人民币股权投资基金、内资人民币股权投资基金和外资人民币股权投资基金的概念；见教材第三章第三节 P42。

25. 外国投资者或外国投资者与根据中国法律注册成立的公司、企业或其他经济组织依据中国法律在中国境内发起设立的主要以人民币对中国境内非公开交易股权进行投资的股权基金是（　　）。

A. 内资人民币股权投资基金

B. 外资人民币股权投资基金

C. 外币股权基金

D. 人民币股权投资基金

答案：B

知识点：人民币股权投资基金、内资人民币股权投资基金和外资人民币股权投资基金的概念；见教材第三章第三节 P42。

26. 依据中国境外的相关法律在中国境外设立，主要以外币对中国境内非公开交易股权进行投资的基金是（　　）。

A. 内资人民币股权投资基金

B. 外资人民币股权投资基金

C. 外币股权投资基金

D. 人民币股权投资基金

答案：C

知识点：外币股权投资基金的概念及运作方式；见教材第三章第三节 P42。

27. 下列关于外币股权投资基金的基本运作方式的说法中，错误的是（　　）。

A. 外币股权投资基金通常采取"两头在外"的方式

B. 外币股权投资基金可以在国内以基金名义注册法人实体

C. 外币股权投资基金在境外完成项目的投资退出

D. 外币股权投资基金经营实体注册在境外

答案：B

知识点：外币股权投资基金的概念及运作方式；见教材第三章第三节 P42。

28. 以股权投资基金为主要投资对象的基金是（　　）。

A. 股权投资基金

B. 股权投资基金母基金

C. 人民币股权投资基金

D. 公司型基金

答案：B

知识点：股权投资母基金的概念及发展；见教材第三章第四节 P43。

29. 母基金在股权投资基金募集时对基金进行投资，成为基金投资者的是（   ）。

A. 间接投资

B. 直接投资

C. 一级投资

D. 二级投资

答案：C

知识点：股权投资母基金的业务：一级投资、二级投资和直接投资；见教材第三章第四节 P44。

30. 母基金发展初期，主要从事（   ），是母基金的本源业务。

A. 间接投资

B. 直接投资

C. 一级投资

D. 二级投资

答案：C

知识点：股权投资母基金的业务：一级投资、二级投资和直接投资；见教材第三章第四节 P44。

31. 母基金在股权投资基金募集完成后对已有股权投资基金或其投资组合进行投资的是（   ）。

A. 间接投资

B. 直接投资

C. 一级投资

D. 二级投资

答案：D

知识点：股权投资母基金的业务：一级投资、二级投资和直接投资；见教材第三章第四节 P44。

32. 母基金主要采取（   ）。

A. 私募形式

B. 公募形式

C. 委托募集形式

D. 自行募集形式

答案：A

知识点：股权投资母基金的业务：一级投资、二级投资和直接投资；见教材第三章第四节 P44。

33. 母基金直接对非公开发行和交易的企业股权进行的投资是（   ）。

A. 间接投资

B. 直接投资

C. 短期投资

D. 长期投资

答案：B

知识点：股权投资母基金的业务：一级投资、二级投资和直接投资；见教材第三章第四节 P45。

34. 下列关于母基金的特点和作用的说法中，不正确的是（   ）。

A. 母基金通常只会投资一只股权投资基金

B. 大部分业绩出色的股权投资基金都会获得超额认购，因此，一般投资者难以获得投资机会

C. 母基金可以通过帮助投资者扩大规模或缩小规模来解决投资者投资规模大小的问题

D. 投资者通过投资于母基金而获得投资优秀基金的机会

答案：A

知识点：股权投资母基金的作用：分散风险、专业管理、投资机会、规模优势、资产规模；见教材第三章第四节 P45 ~ P46。

35. 政府投资基金通常投资于（   ）。

A. 外币股权投资基金

B. 股权投资基金

C. 创业投资基金

D. 定向增发基金

答案：C

知识点：政府引导基金的概念和运作；见教材第三章第四节 P47。

36. 下列关于政府引导基金的说法中，错误的是（   ）。

A. 政府引导基金是政府设立并按市场化方式运作的政策性基金，主要投资于创业投资基金，引导社会资金进入创业投资领域

B. 政府引导基金的宗旨是发挥财政资金的引导和聚集放大作用

C. 政府引导基金对创业投资基金的支持方式包括参股、融资担保、跟进投资

D. 政府引导基金本身直接从事创业投资业务

答案：D

知识点：政府引导基金的概念和运作；见教材第三章第四节 P47。

二、组合型单项选择题（以下各小题所给出的 **4** 个选项中，只有 **1** 项最符合题目要求，请将正确选项的代码填入括号内，不填、错填、漏填均不得分）

1. 股权投资基金为企业的（　　）提供了股权和类股权（如可转换债券、可转换优先股）的金融解决方案。

Ⅰ. 创建

Ⅱ. 发展

Ⅲ. 合并

Ⅳ. 重组

A. Ⅰ、Ⅱ、Ⅳ

B. Ⅰ、Ⅱ、Ⅲ

C. Ⅰ、Ⅲ、Ⅳ

D. Ⅰ、Ⅱ、Ⅲ、Ⅳ

答案：A

知识点：创业投资的概念，创业投资基金的定义和运作特点；见教材第三章第一节 P33。

2. 创业投资的投资对象包括（　　）各个发展阶段的未上市成长性企业。

Ⅰ. 早期

Ⅱ. 中期

Ⅲ. 过渡期

Ⅳ. 后期

A. Ⅰ、Ⅲ、Ⅳ

B. Ⅰ、Ⅱ、Ⅲ

C. Ⅰ、Ⅱ、Ⅳ

D. Ⅰ、Ⅱ、Ⅲ、Ⅳ

答案：C

知识点：创业投资的概念，创业投资基金的定义和运作特点；见教材第三章第一节 P33。

3. 创业投资可以采取（　　）。

Ⅰ. 组织化形式

Ⅱ. 非组织化形式

Ⅲ. 产业化形式

Ⅳ. 非产业化形式

A. Ⅰ、Ⅲ

B．Ⅰ、Ⅱ

C．Ⅱ、Ⅳ

D．Ⅲ、Ⅳ

答案：B

知识点：创业投资的概念，创业投资基金的定义和运作特点；见教材第三章第一节 P33。

4. 创业投资基金的运作具有以下（　　）特点。

Ⅰ．从投资对象来看，主要是未上市成长性创业企业

Ⅱ．从投资方式来看，通常采取参股性投资，较少采取控股性投资

Ⅲ．从杠杆应用来看，一般不借助杠杆，以基金的自有资金进行投资

Ⅳ．从投资收益来看，主要来源于所投资企业的因价值创造带来的股权增值

A．Ⅰ、Ⅲ、Ⅳ

B．Ⅰ、Ⅱ、Ⅲ

C．Ⅰ、Ⅱ、Ⅳ

D．Ⅰ、Ⅱ、Ⅲ、Ⅳ

答案：D

知识点：创业投资的概念，创业投资基金的定义和运作特点；见教材第三章第一节 P34。

5. 收购方的自有资金和外部资金的比例，通常取决于以下（　　）等因素。

Ⅰ．目标公司所能产生的现金流

Ⅱ．内部资金的股权利息

Ⅲ．外部资金的融资成本

Ⅳ．资本结构的风险

A．Ⅰ、Ⅱ、Ⅲ

B．Ⅰ、Ⅲ、Ⅳ

C．Ⅰ、Ⅱ、Ⅳ

D．Ⅱ、Ⅲ、Ⅳ

答案：B

知识点：并购基金的概念，杠杆收购基金的运作特点、投资方式、投资对象、投资分析以及作用；见教材第三章第一节 P34。

6. 杠杆收购的收购资金主要来源有（　　）。

Ⅰ．优先股

Ⅱ．普通股

Ⅲ．夹层资本

Ⅳ. 高级债

A. Ⅰ、Ⅱ、Ⅲ

B. Ⅰ、Ⅲ、Ⅳ

C. Ⅰ、Ⅱ、Ⅳ

D. Ⅱ、Ⅲ、Ⅳ

答案：D

知识点：并购基金的概念，杠杆收购基金的运作特点、投资方式、投资对象、投资分析以及作用；见教材第三章第一节 P34。

7. 杠杆收购融资中，（　　　）。

Ⅰ. 夹层资本比银行贷款优先级低

Ⅱ. 夹层资本比银行贷款成本高

Ⅲ. 夹层资本比股权资本优先级高

Ⅳ. 夹层资本比股权资本成本低

A. Ⅰ、Ⅱ、Ⅲ

B. Ⅰ、Ⅱ、Ⅲ、Ⅳ

C. Ⅰ、Ⅱ、Ⅳ

D. Ⅱ、Ⅲ、Ⅳ

答案：B

知识点：并购基金的概念，杠杆收购基金的运作特点、投资方式、投资对象、投资分析以及作用；见教材第三章第一节 P35。

8. 夹层资本通常采取（　　　）的形式。

Ⅰ. 普通股

Ⅱ. 优先股

Ⅲ. 可转换债券

Ⅳ. 次级债券

A. Ⅱ、Ⅲ

B. Ⅱ、Ⅲ、Ⅳ

C. Ⅰ、Ⅳ

D. Ⅱ、Ⅳ

答案：D

知识点：并购基金的概念，杠杆收购基金的运作特点、投资方式、投资对象、投资分析以及作用；见教材第三章第一节 P35。

9. 夹层资本通常采取优先股和次级债券的形式，有时这些证券会附带对普通股的（　　　）。

Ⅰ．表决权

Ⅱ．认股权

Ⅲ．转股权

Ⅳ．剩余财产要求权

A．Ⅱ、Ⅲ

B．Ⅱ、Ⅲ、Ⅳ

C．Ⅰ、Ⅳ

D．Ⅱ、Ⅳ

答案：A

知识点：并购基金的概念，杠杆收购基金的运作特点、投资方式、投资对象、投资分析以及作用；见教材第三章第一节 P35。

10. 下列关于夹层资本的说法中，正确的有（ ）。

Ⅰ．夹层资本通常采取普通股和次级债券的形式

Ⅱ．夹层资本作为准股权资本，无法要求融资方提供资产抵押或由第三方担保

Ⅲ．夹层资本弹性较大，融资条款可以根据交易所需进行定制，因而可以满足特定交易的个性化需求

Ⅳ．夹层资本通常由夹层基金、保险公司以及公开市场提供

A．Ⅰ、Ⅱ、Ⅲ

B．Ⅱ、Ⅲ、Ⅳ

C．Ⅰ、Ⅲ、Ⅳ

D．Ⅰ、Ⅱ、Ⅲ、Ⅳ

答案：B

知识点：并购基金的概念，杠杆收购基金的运作特点、投资方式、投资对象、投资分析以及作用；见教材第三章第一节 P35。

11. 夹层资本通常由（ ）提供。

Ⅰ．夹层基金

Ⅱ．投资银行

Ⅲ．保险公司

Ⅳ．公开市场

A．Ⅰ、Ⅱ、Ⅲ

B．Ⅱ、Ⅲ、Ⅳ

C．Ⅰ、Ⅲ、Ⅳ

D．Ⅰ、Ⅱ、Ⅲ、Ⅳ

答案：C

知识点：并购基金的概念，杠杆收购基金的运作特点、投资方式、投资对象、投资分析以及作用；见教材第三章第一节 P35。

12. 银行贷款是杠杆收购的主要资金来源，主要是（　　）。

Ⅰ. 活期贷款

Ⅱ. 定期贷款

Ⅲ. 循环贷款

Ⅳ. 信用贷款

A. Ⅱ、Ⅲ

B. Ⅱ、Ⅳ

C. Ⅰ、Ⅲ、Ⅳ

D. Ⅰ、Ⅱ、Ⅲ

答案：A

知识点：并购基金的概念，杠杆收购基金的运作特点、投资方式、投资对象、投资分析以及作用；见教材第三章第一节 P35。

13. 银行贷款是杠杆收购中（　　）的融资来源。

Ⅰ. 级别最高

Ⅱ. 成本最低

Ⅲ. 风险最低

Ⅳ. 弹性最低

A. Ⅰ、Ⅱ、Ⅲ

B. Ⅱ、Ⅲ、Ⅳ

C. Ⅰ、Ⅲ、Ⅳ

D. Ⅰ、Ⅱ、Ⅳ

答案：D

知识点：并购基金的概念，杠杆收购基金的运作特点、投资方式、投资对象、投资分析以及作用；见教材第三章第一节 P36。

14. 杠杆收购基金的投资对象通常具有以下（　　）等特征。

Ⅰ. 资产可剥离

Ⅱ. 强劲、稳固的市场地位

Ⅲ. 稳定、可预测的现金流

Ⅳ. 有减少开支的潜力

A. Ⅰ、Ⅱ、Ⅲ

B. Ⅱ、Ⅲ、Ⅳ

C. Ⅰ、Ⅲ、Ⅳ

D. Ⅰ、Ⅱ、Ⅲ、Ⅳ

答案：D

知识点：并购基金的概念，杠杆收购基金的运作特点、投资方式、投资对象、投资分析以及作用；见教材第三章第一节 P36。

15. 杠杆收购基金构建财务模型是为了实现（　　）目标。

Ⅰ. 测试信用风险

Ⅱ. 评估交易融资结构

Ⅲ. 测算投资回报

Ⅳ. 估值

A. Ⅰ、Ⅱ、Ⅲ

B. Ⅱ、Ⅲ、Ⅳ

C. Ⅰ、Ⅲ、Ⅳ

D. Ⅰ、Ⅱ、Ⅲ、Ⅳ

答案：B

知识点：并购基金的概念，杠杆收购基金的运作特点、投资方式、投资对象、投资分析以及作用；见教材第三章第一节 P36。

16. 评估交易融资结构，是在给定的（　　）的基础上确定杠杆收购过程对目标企业的资产负债表和信用的影响，分析融资结构（普通股、夹层资本、高级债）的合理性。

Ⅰ. 现金流

Ⅱ. 信用条件

Ⅲ. 利率

Ⅳ. 股权红利

A. Ⅰ、Ⅱ、Ⅲ

B. Ⅱ、Ⅲ、Ⅳ

C. Ⅰ、Ⅲ、Ⅳ

D. Ⅰ、Ⅱ、Ⅲ、Ⅳ

答案：A

知识点：并购基金的概念，杠杆收购基金的运作特点、投资方式、投资对象、投资分析以及作用；见教材第三章第一节 P36。

17. 构建杠杆收购财务模型正确的步骤是（　　）。

Ⅰ. 构建杠杆收购前的财务模型

Ⅱ. 构建杠杆收购后的财务模型

Ⅲ. 杠杆收购分析

Ⅳ. 收集、分析、处理与交易相关的基础信息和数据

Ⅴ. 输入交易相关数据

A. Ⅲ、Ⅳ、Ⅰ、Ⅱ、Ⅴ

B. Ⅳ、Ⅴ、Ⅰ、Ⅱ、Ⅲ

C. Ⅳ、Ⅰ、Ⅲ、Ⅴ、Ⅱ

D. Ⅳ、Ⅰ、Ⅴ、Ⅱ、Ⅲ

答案：D

知识点：并购基金的概念，杠杆收购基金的运作特点、投资方式、投资对象、投资分析以及作用；见教材第三章第一节 P37。

18. 杠杆收购基金在杠杆收购中的职责有（　　）。

Ⅰ. 选择杠杆收购的目标

Ⅱ. 通过一个结束性事件完成交易

Ⅲ. 作为公司的所有者及董事会控制成员，通过已有管理层或新的管理层经营被收购公司

Ⅳ. 监督高层管理者的活动及决策

A. Ⅰ、Ⅱ、Ⅲ

B. Ⅱ、Ⅲ、Ⅳ

C. Ⅰ、Ⅲ、Ⅳ

D. Ⅰ、Ⅱ、Ⅲ、Ⅳ

答案：D

知识点：并购基金的概念，杠杆收购基金的运作特点、投资方式、投资对象、投资分析以及作用；见教材第三章第一节 P37。

19. 在我国，公司型基金可采取（　　）的形式。

Ⅰ. 有限责任公司

Ⅱ. 股份有限公司

Ⅲ. 股份合作公司

Ⅳ. 私营企业

A. Ⅰ、Ⅱ

B. Ⅱ、Ⅲ

C. Ⅰ、Ⅳ

D. Ⅲ、Ⅳ

答案：A

知识点：公司型基金的概念与特点；见教材第三章第二节 P38。

20. 公司型基金的参与主体主要为（　　）。

Ⅰ. 投资者

Ⅱ. 基金管理人

Ⅲ. 基金托管人

Ⅳ. 基金合伙人

A. Ⅰ、Ⅱ

B. Ⅱ、Ⅲ

C. Ⅲ、Ⅳ

D. Ⅰ、Ⅳ

答案：A

知识点：公司型基金的概念与特点；见教材第三章第二节 P38。

21. 下列关于公司型基金的说法中，表述正确的有（　　）。

Ⅰ. 投资者既是份额持有人又是公司股东

Ⅱ. 基金按照基金合同来营运

Ⅲ. 投资者作为公司的股东，可通过股东会和董事会委任并监督基金管理人

Ⅳ. 可以由公司管理团队自行管理，或者委托专业的基金机构担任基金管理者

A. Ⅰ、Ⅲ、Ⅳ

B. Ⅰ、Ⅱ、Ⅲ、Ⅳ

C. Ⅱ、Ⅲ、Ⅳ

D. Ⅰ、Ⅱ、Ⅳ

答案：A

知识点：公司型基金的概念与特点；见教材第三章第二节 P38 ~ P39。

22. 下列关于公司型基金的说法中，正确的是（　　）。

Ⅰ. 公司在很多国家比合伙企业、契约结构有着更悠久的历史和更为健全的法律环境，进而使这些国家的公司有着更完整的组织结构和更规范的管理系统，可以有效降低运作风险

Ⅱ. 公司型基金是独立的企业法人，可以通过借款来筹集资金

Ⅲ. 公司的有限责任，意味着全体股东承担有限责任

Ⅳ. 公司型基金可自行或委托专业基金管理人进行基金管理

A. Ⅰ、Ⅲ、Ⅳ

B. Ⅰ、Ⅱ、Ⅲ、Ⅳ

C. Ⅱ、Ⅲ、Ⅳ

D. Ⅰ、Ⅱ、Ⅳ

答案：B

知识点：公司型基金的概念与特点；见教材第三章第二节 P39。

23. 合伙型基金的参与主体主要有（　　　）。

Ⅰ. 基金托管人

Ⅱ. 基金管理人

Ⅲ. 普通合伙人

Ⅳ. 有限合伙人

A. Ⅰ、Ⅱ、Ⅲ

B. Ⅰ、Ⅱ、Ⅲ、Ⅳ

C. Ⅰ、Ⅲ、Ⅳ

D. Ⅱ、Ⅲ、Ⅳ

答案：D

知识点：合伙型基金的概念与特点；见教材第三章第二节 P39。

24. 下列合伙型基金的说法中，正确的是（　　　）。

Ⅰ. 合伙型基金的参与主体主要为普通合伙人、有限合伙人及基金管理人

Ⅱ. 普通合伙人对基金债务承担无限连带责任

Ⅲ. 有限合伙人可自行担任基金管理人

Ⅳ. 有限合伙人不参与投资决策

A. Ⅰ、Ⅱ、Ⅲ

B. Ⅰ、Ⅱ、Ⅳ

C. Ⅰ、Ⅲ、Ⅳ

D. Ⅱ、Ⅲ、Ⅳ

答案：B

知识点：合伙型基金的概念与特点；见教材第三章第二节 P39。

25. 普通合伙人和有限合伙人的区别是（　　　）。

Ⅰ. 有限合伙人承担有限责任，因此仅需按照有限合伙协议的约定按期、足额缴纳认缴出资

Ⅱ. 普通合伙人对基金债务承担无限连带责任

Ⅲ. 普通合伙人委托的基金管理人或自任基金管理人的普通合伙人负责基金投资等重大事项的管理与决策，对有限合伙企业的责任是执行合伙事务

Ⅳ. 有限合伙人不参与投资决策

A. Ⅰ、Ⅱ、Ⅲ

B. Ⅰ、Ⅱ、Ⅳ

C. Ⅰ、Ⅲ、Ⅳ

D. Ⅰ、Ⅱ、Ⅲ、Ⅳ

答案：D

知识点：合伙型基金的概念与特点；见教材第三章第二节 P40。

26. 下列关于契约型基金的表述中，正确的是（　　）。

Ⅰ. 契约型基金具有法律实体地位

Ⅱ. 基金按照公司章程来运营

Ⅲ. 基金投资者通过购买基金份额，享有基金投资收益

Ⅳ. 基金管理人依据法律、法规和基金合同负责经营和管理操作

A. Ⅱ、Ⅲ

B. Ⅲ、Ⅳ

C. Ⅰ、Ⅳ

D. Ⅰ、Ⅱ

答案：B

知识点：信托（契约）基金的概念与特点；见教材第三章第二节 P40 ~ P41。

27. 契约型基金的参与者主要为（　　）。

Ⅰ. 投资者

Ⅱ. 基金管理人

Ⅲ. 基金托管人

Ⅳ. 基金合伙人

A. Ⅰ、Ⅳ

B. Ⅰ、Ⅱ、Ⅳ

C. Ⅰ、Ⅱ、Ⅲ

D. Ⅱ、Ⅲ

答案：C

知识点：信托（契约）基金的概念与特点；见教材第三章第二节 P40。

28. 契约型基金和公司型基金的区别在于（　　）。

Ⅰ. 资金的性质不同

Ⅱ. 投资者的地位不同

Ⅲ. 基金运营依据不同

Ⅳ. 融资渠道不同

A. Ⅰ、Ⅱ、Ⅲ、Ⅳ

B. Ⅱ、Ⅲ

C. Ⅰ、Ⅱ、Ⅳ

D. Ⅰ、Ⅲ、Ⅳ

答案：A

知识点：信托（契约）基金的概念与特点；见教材第三章第二节 P38 ~ P39、

P40～P41。

29. 公司型基金与合伙型基金的区别在于（　　　）不同。

Ⅰ. 收益分配

Ⅱ. 成本费用

Ⅲ. 税收

Ⅳ. 募集对象

A. Ⅰ、Ⅱ、Ⅲ

B. Ⅱ、Ⅲ、Ⅳ

C. Ⅰ、Ⅱ、Ⅲ、Ⅳ

D. Ⅰ、Ⅳ

答案：C

知识点：信托（契约）基金的概念与特点；见教材第三章第二节 P39～P41。

30. 信托（契约）型基金的特点有（　　　）。

Ⅰ. 信托（契约）型基金本质上是一种信托关系

Ⅱ. 信托基金在契约各方可通过信托契约进行相关约定，运作比较灵活

Ⅲ. 信托（契约）型基金不是企业所得税的纳税主体，不需要缴纳所得税，只有基金投资者需要对取得的投资收益缴纳所得税，避免了双重纳税

Ⅳ. 信托（契约）型基金中，除非基金合同另有约定，基金投资者以其出资为限对基金的债务承担无限责任

A. Ⅰ、Ⅱ、Ⅲ

B. Ⅱ、Ⅲ、Ⅳ

C. Ⅰ、Ⅱ、Ⅲ、Ⅳ

D. Ⅰ、Ⅳ

答案：A

知识点：信托（契约）基金的概念与特点；见教材第三章第二节 P41。

31. 按资金性质分类，股权投资基金可以分为（　　　）。

Ⅰ. 人民币基金

Ⅱ. 外币基金

Ⅲ. 货币市场基金

Ⅳ. 保本基金

A. Ⅱ、Ⅳ

B. Ⅰ、Ⅱ、Ⅳ

C. Ⅰ、Ⅱ

D. Ⅰ、Ⅲ、Ⅳ

答案：C

知识点：了解人民币私募股权投资基金和外资私募股权投资基金在中国的发展和趋势；见教材第三章第三节 P42。

32. 人民币股权投资基金分为（ ）。

Ⅰ. 内资人民币股权投资基金

Ⅱ. 外资人民币股权投资基金

Ⅲ. 货币市场基金

Ⅳ. 保本基金

A. Ⅱ、Ⅳ

B. Ⅱ、Ⅲ、Ⅳ

C. Ⅰ、Ⅱ

D. Ⅰ、Ⅲ、Ⅳ

答案：C

知识点：了解人民币私募股权投资基金和外资私募股权投资基金在中国的发展和趋势；见教材第三章第三节 P42。

33. 股权投资母基金的业务主要包括（ ）。

Ⅰ. 一级投资

Ⅱ. 二级投资

Ⅲ. 三级投资

Ⅳ. 直接投资

A. Ⅰ、Ⅱ、Ⅲ

B. Ⅰ、Ⅱ、Ⅳ

C. Ⅰ、Ⅱ、Ⅲ、Ⅳ

D. Ⅰ、Ⅲ、Ⅳ

答案：B

知识点：理解私募股权投资母基金的概念、运作模式、特点和作用；见教材第三章第四节 P43。

34. 在一级投资业务中，母基金在选择股权投资基金时，重点考察以下（ ）方面。

Ⅰ. 投资理念

Ⅱ. 管理团队

Ⅲ. 之前基金业绩

Ⅳ. 投资流程

A. Ⅰ、Ⅱ、Ⅲ

B. Ⅰ、Ⅱ、Ⅳ

C. Ⅰ、Ⅱ、Ⅲ、Ⅳ

D. Ⅰ、Ⅲ、Ⅳ

答案：C

知识点：理解私募股权投资母基金的概念、运作模式、特点和作用；见教材第三章第四节 P44。

35. 根据投资标的不同，母基金的二级投资业务可以分为（　　）。

Ⅰ. 购买存续基金份额及后续出资额

Ⅱ. 购买股权及后续出资额

Ⅲ. 购买基金持有的投资组合公司的股权

Ⅳ. 购买债券

A. Ⅰ、Ⅲ

B. Ⅰ、Ⅳ

C. Ⅱ、Ⅲ、Ⅳ

D. Ⅲ、Ⅳ

答案：A

知识点：理解私募股权投资母基金的概念、运作模式、特点和作用；见教材第三章第四节 P44。

36. 近年来，母基金二级投资业务的比例不断增加，主要基于以下（　　）原因。

Ⅰ. 价格折扣

Ⅱ. 加速投资回收

Ⅲ. 投资于风险低的资产组合

Ⅳ. 投资于已知的资产组合

A. Ⅰ、Ⅱ、Ⅲ

B. Ⅰ、Ⅱ、Ⅳ

C. Ⅱ、Ⅲ、Ⅳ

D. Ⅲ、Ⅳ

答案：B

知识点：理解私募股权投资母基金的概念、运作模式、特点和作用；见教材第三章第四节 P44。

37. 下列关于母基金的特点和作用的说法中，正确的是（　　）。

Ⅰ. 母基金通常只会投资一只股权投资基金

Ⅱ. 大部分业绩出色的股权投资基金都会获得超额认购，因此，一般投资者难以获得投资机会

Ⅲ. 母基金可以通过帮助投资者扩大规模或缩小规模来解决投资者投资规模大小的问题

Ⅳ. 投资者通过投资于母基金而获得投资优秀基金的机会

A. Ⅱ、Ⅳ

B. Ⅱ、Ⅲ、Ⅳ

C. Ⅰ、Ⅱ

D. Ⅰ、Ⅲ、Ⅳ

答案：B

知识点：股权投资母基金的作用：分散风险、专业管理、投资机会、规模优势、资产规模；见教材第三章第四节 P45～P46。

38. 下列关于股权投资母基金的说法中，正确的有（　　）。

Ⅰ. 母基金通常拥有相当的规模，能够吸引、留住及聘用行业内最优秀的投资管理人才

Ⅱ. 母基金可以帮助大的投资者投资小规模的基金，从而实现节约成本和分散投资

Ⅲ. 母基金可以帮助小的投资者投资大规模的基金，从而达到大型基金的投资门槛

Ⅳ. 考虑薪资、差旅及其他管理成本，投资母基金比自行聘请专门投资股权投资基金的团队更加经济有效

A. Ⅱ、Ⅳ

B. Ⅱ、Ⅲ、Ⅳ

C. Ⅰ、Ⅱ、Ⅳ

D. Ⅰ、Ⅱ、Ⅲ、Ⅳ

答案：D

知识点：股权投资母基金的作用：分散风险、专业管理、投资机会、规模优势、资产规模；见教材第三章第四节 P46。

39. 投资于母基金的风险小于投资于单只股权投资基金，且在很大程度上降低了（　　）出现的可能性。

Ⅰ. 极高内部收益率

Ⅱ. 极高资产收益率

Ⅲ. 极低内部收益率

Ⅳ. 极低资产收益率

A. Ⅱ、Ⅲ

B. Ⅰ、Ⅱ

C. Ⅰ、Ⅲ

D. Ⅲ、Ⅳ

答案：C

知识点：股权投资母基金：风险、收益与成本；见教材第三章第四节 P46。

40. 下列关于政府引导基金的说法中，正确的有（　　）。

Ⅰ. 政府引导基金的宗旨是发挥财政资金的杠杆放大效应

Ⅱ. 政府引导基金是由政府财政出资设立并按市场化方式运作的、在投资方向上具有一定导向性的政策性基金，通常投资于创业投资基金，引导社会资金进入早期创业投资领域

Ⅲ. 政府引导基金对创业投资基金的支持方式包括参股、融资担保、跟进投资

Ⅳ. 政府引导基金本身直接从事股权投资基金

A. Ⅱ、Ⅲ、Ⅳ

B. Ⅰ、Ⅱ、Ⅲ、Ⅳ

C. Ⅰ、Ⅱ、Ⅲ

D. Ⅰ、Ⅲ、Ⅳ

答案：C

知识点：政府引导基金的概念和运作；见教材第三章第四节 P47。

41. 政府引导投资基金的宗旨是（　　）。

Ⅰ. 发挥财政资金的杠杆放大效应

Ⅱ. 优化市场资源配置

Ⅲ. 增加创业投资的资本供给

Ⅳ. 克服单纯通过市场配置创业投资资本的市场失灵问题

A. Ⅱ、Ⅲ、Ⅳ

B. Ⅰ、Ⅱ、Ⅲ、Ⅳ

C. Ⅰ、Ⅱ、Ⅲ

D. Ⅰ、Ⅲ、Ⅳ

答案：D

知识点：政府引导基金的概念和运作；见教材第三章第四节 P47。

42. 政府引导基金对创业投资基金的支持方式包括（　　）。

Ⅰ. 参股

Ⅱ. 融资担保

Ⅲ. 投资补贴

Ⅳ. 跟进投资

A. Ⅰ、Ⅱ、Ⅲ

B. Ⅰ、Ⅱ、Ⅳ

C. Ⅰ、Ⅱ、Ⅲ、Ⅳ

D. Ⅰ、Ⅲ、Ⅳ

答案：B

知识点：政府引导基金的概念和运作；见教材第三章第四节 P47。

第四章　股权投资基金的募集与设立

一、单项选择题（以下各小题所给出的 4 个选项中，只有 1 项最符合题目要求，请将正确选项的代码填入括号内，不填、错填均不得分）

1. 股权投资基金的募集，是指股权投资（　　）向投资者募集资金用于设立股权投资基金的行为。

A. 基金管理人或者受其委托的募集服务机构

B. 基金持有人或者受其委托的募集服务机构

C. 基金托管人或者受其委托的募集服务机构

D. 基金公司或者受其委托的募集服务机构

答案：A

知识点：募集的概念；见教材第四章第一节 P51。

2. 对于股权投资基金，（　　）是开展基金投资业务的开始，也是必要前提。

A. 股权的发放

B. 资金的募集

C. 基金的设立

D. 初始资金

答案：B

知识点：募集的概念；见教材第四章第一节 P51。

3. 由管理人自行拟定资本募集说明材料、寻找投资人的基金募集方式是（　　）。

A. 自行募集

B. 公开募集

C. 非公开方式募集

D. 委托募集

答案：A

知识点：募集的概念；见教材第四章第一节 P51。

4. 基金管理人委托第三方机构代为寻找投资者并完成资金募集工作的基金募集方式是（　　）。

A. 自行募集

B. 公开募集

C. 非公开方式募集

D. 委托募集

答案：D

知识点：募集的概念；见教材第四章第一节 P51。

5. 公司型基金和合伙型基金的设立，通常需在（　　）完成名称预先核准、申请设立登记和领取营业执照的流程。

A. 国务院证券监督部门

B. 中国证券交易所

C. 中国证监会

D. 工商管理部门

答案：D

知识点：基金的设立；见教材第四章第一节 P52。

6. 按照现行规则，股权投资基金设立完成后，应在（　　）办理基金备案。

A. 国务院证券监督部门

B. 中国证券投资基金业协会

C. 中国证监会

D. 工商管理部门

答案：B

知识点：基金的设立；见教材第四章第一节 P52。

7. 下列不是国外股权投资基金的主要募集对象的是（　　）。

A. 养老基金

B. 母基金

C. 社会保障金

D. 大学基金会

答案：C

知识点：国外股权投资基金投资者的主要类型；见教材第四章第二节 P52。

8. 下列不是国内股权投资基金的主要募集对象的是（　　）。

A. 政府引导基金

B. 母基金

C. 社会保障基金

D. 养老基金

答案：D

知识点：中国股权投资基金投资者的主要类型；见教材第四章第二节 P52。

9. 在美国和欧洲市场上，（　　）是股权投资基金第一大资本供给者。

A. 养老基金

B. 母基金

C. 社会保障金

D. 大学基金会

答案：A

知识点：国外股权投资基金投资者的主要类型；见教材第四章第二节 P53。

10. 大学基金会是国外股权投资基金重要的机构投资者，其资金主要来源于(　　)。

A. 股权融资

B. 社会捐赠

C. 政策性补助

D. 金融租赁

答案：B

知识点：国外股权投资基金投资者的主要类型；见教材第四章第二节 P53。

11. 政府引导基金是由政府设立并按市场化方式运作的政策性基金，是一种特殊的
(　　)。

A. 养老基金

B. 母基金

C. 社会保障金

D. 大学基金会

答案：B

知识点：中国股权投资基金投资者的主要类型；见教材第四章第二节 P54。

12. 我国创业投资基金行业的重要投资者是 (　　)。

A. 政府引导基金

B. 母基金

C. 社会保障金

D. 金融机构

答案：A

知识点：中国股权投资基金投资者的主要类型；见教材第四章第二节 P54。

13. 证券公司目前主要通过设立 (　　) 进入股权投资基金管理行业。

A. 基金公司

B. 基金子公司

C. 投资管理公司

D. 投资管理子公司

答案：D

知识点：中国股权投资基金投资者的主要类型；见教材第四章第二节 P55。

14. 基金子公司主要通过（　　）投资于股权投资基金。

A. 管理计划

B. 信托计划

C. 资管计划

D. 保险计划

答案：C

知识点：中国股权投资基金投资者的主要类型；见教材第四章第二节 P55。

15. 目前我国股权投资基金最主要的投资资金来源是（　　）。

A. 工商企业

B. 金融机构

C. 独资企业

D. 个人投资者

答案：A

知识点：中国股权投资基金投资者的主要类型；见教材第四章第二节 P55。

16. 合格投资者制度起源于（　　）。

A. 英国

B. 美国

C. 荷兰

D. 中国

答案：B

知识点：建立合格投资者制度；见教材第四章第二节 P56。

17. 自行募集股权投资基金的，基金管理人应根据投资者适当性管理要求，采取（　　）方式，对投资者的风险识别能力和风险承担能力进行评估。

A. 问卷调查

B. 市场调查

C. 访谈调查

D. 用户调查

答案：A

知识点：自行募集和委托募集；见教材第四章第三节 P57。

18. 委托第三方机构募集的，基金管理人应当委托具有合格基金销售资质和专业基金销售服务团队的机构代为募集，并与代销机构达成（　　）协议。

A. 书面形式

B. 口头形式

C. 公示形式

D. 公证形式

答案：A

知识点：自行募集和委托募集；见教材第四章第三节 P57。

19. 我国要求代销机构应获得（　　）基金销售业务资格且成为中国证券投资基金业协会会员。

A. 国务院证券监督部门

B. 中国证券投资基金业协会

C. 中国证监会

D. 工商管理部门

答案：C

知识点：自行募集和委托募集；见教材第四章第三节 P58。

20. 下列关于公开募集和非公开募集的说法中，错误的是（　　）。

A. 公开募集是向非特定对象推介基金产品

B. 公开募集是通过公开渠道进行募集

C. 非公开募集指的是通过设置特定对象确定程序的渠道进行非公开推介基金产品的行为

D. 在我国，当前已经允许进行股权投资基金的公开募集

答案：D

知识点：公开募集和非公开募集；见教材第四章第三节 P58。

21. 在基金路演期，基金管理人需准备募集推介资料并分发（　　）。

A. 投资计划书

B. 投资协议书

C. 私募备忘录

D. 尽职调查资料

答案：C

知识点：募集流程；见教材第四章第三节 P58。

22. 在投资者确认阶段，基金管理人向达成意向的潜在投资者提供（　　）。

A. 投资计划书

B. 投资协议书

C. 私募备忘录

D.（反向）尽职调查资料

答案：D

知识点：募集流程；见教材第四章第三节 P58。

23. 潜在投资者主要依靠（　　）来获得基金的信息，通常将其作为决策是否参与基金的关键信息来源。

A. 募集推介资料

B. 私募备忘录

C. 基金条款书

D. （反向）尽职调查资料

答案：B

知识点：募集所需主要资料；见教材第四章第三节 P59。

24. 基金管理人制作的关于特定基金产品的推介说明资料是（　　）。

A. 募集推介资料

B. 私募备忘录

C. 基金条款

D. （反向）尽职调查资料

答案：A

知识点：募集所需主要资料；见教材第四章第三节 P59。

25. 对股权投资基金管理人的重要激励措施是（　　）。

A. 晋升

B. 分红

C. 业绩报酬机制

D. 获得更多的项目

答案：C

知识点：募集所需主要资料；见教材第四章第三节 P60。

26. （　　）是基金投资者所承诺的要投入一只基金的总的资金额度，基金投资者在作出承诺的时候，往往要求基金管理人也承诺投入资金。

A. 资金筹备

B. 资金承诺

C. 基金份额

D. 实缴规模

答案：B

知识点：募集所需主要资料；见教材第四章第三节 P60。

27. 缴款安排：在股权投资基金中，承诺的投入资金通常并非一次性汇入基金账户，目前通行的惯例是在需要进行投资时，由（　　）向基金投资者提出缴款要求。

A. 基金托管人

B. 原始股东

C. 基金管理人

D. 董事会

答案：C

知识点：募集所需主要资料；见教材第四章第三节 P60。

28. 早期的股权投资基金主要依据（　　）设立公司型股权投资基金。

A.《公司法》

B.《合伙企业法》

C.《证券投资基金法》

D.《信托法》

答案：A

知识点：我国股权投资基金的主要法律与监管依据；见教材第四章第四节 P61。

29. 修订后的《合伙企业法》自 2007 年 6 月 1 日起施行，增加了（　　）企业这种新的合伙企业形式。

A. 普通合伙

B. 特殊普通合伙

C. 有限合伙

D. 特殊有限合伙

答案：C

知识点：我国股权投资基金的主要法律与监管依据；见教材第四章第四节 P61。

30. 我国股权投资基金早期由（　　）监管到现在由（　　）监管。

A. 国家发展改革委；中国证监会

B. 都是国家发展改革委

C. 中国证监会；国家发展改革委

D. 都是中国证监会

答案：A

知识点：我国股权投资基金的主要法律与监管依据；见教材第四章第四节 P62。

31. 股权投资基金具有（　　）的特点。

A. 资金规模较大，投资周期较长

B. 资金规模较小，投资周期较短

C. 资金规模较大，投资周期较短

D. 资金规模较小，投资周期较长

答案：A

知识点：资金募集与出资安排；见教材第四章第四节 P62。

32. 股权投资基金规模通常较大、投资周期较长，因此股权投资基金通常采用（　　）。

A. 授权资本制

B. 承诺资本制

C. 注册资本制

D. 实缴资本制

答案：B

知识点：资金募集与出资安排；见教材第四章第四节 P62。

33. 对于公司型基金，除非法律、行政法规、国务院另有规定外，现行《公司法》对有限责任公司和股份有限公司的注册资本限额、缴付安排及出资方式等方面均不作强制性规定，全部由（　　）进行规定，因此可根据基金情况进行适应性约定。

A.《公司法》

B.《合伙企业法》

C.《证券投资基金法》

D. 公司章程

答案：D

知识点：资金募集与出资安排；见教材第四章第四节 P62。

34. 对于公司型基金，以有限责任公司形式设立的，股东人数应在（　　）人以下。

A. 20

B. 30

C. 50

D. 100

答案：C

知识点：资金募集与出资安排；见教材第四章第四节 P63。

35. 对于公司型基金，以股份有限公司形式设立的，股东人数不超过 200 人，且应当有 2 个以上发起人，其中（　　）发起人须在中国境内有住所。

A. 三分之一

B. 二分之一

C. 三分之二

D. 全部

答案：B

知识点：资金募集与出资安排；见教材第四章第四节 P63。

36. 对于合伙型基金，除法律另有规定的特殊情形外，有限合伙企业应由（　　）合伙人设立，且有限合伙企业至少应当有一个普通合伙人。

A. 2 个以上 20 个以下

B. 2 个以上 50 个以下

C. 5 个以上 20 个以下

D. 5 个以上 50 个以下

答案：B

知识点：资金募集与出资安排；见教材第四章第四节 P63。

37. 对于信托（契约）型基金，按照《证券投资基金法》，投资者不得超过（   ）人。

A. 50

B. 100

C. 150

D. 200

答案：D

知识点：资金募集与出资安排；见教材第四章第四节 P63。

38. 单个资产管理计划的委托人不得超过（   ）人，但单笔委托金额在（   ）万元人民币以上的投资者数量不受限制。

A. 50，200

B. 50，300

C. 200，200

D. 200，300

答案：D

知识点：资金募集与出资安排；见教材第四章第四节 P63。

39. 公司治理结构的基本特点是（   ）。

A. 股东至上

B. 股权至上

C. 实力至上

D. 利润至上

答案：A

知识点：内部组织的设置与投资决策；见教材第四章第四节 P63。

40. 公司型基金的权力机构是（   ）。

A. 董事会

B. 股东大会

C. 监事会

D. 高级管理人员

答案：B

知识点：内部组织的设置与投资决策；见教材第四章第四节 P63。

41. 有限合伙治理结构的基本特点是（　　）掌握合伙企业事务执行权。

A. 董事会

B. 股东大会

C. 普通合伙人

D. 有限合伙人

答案：C

知识点：内部组织的设置与投资决策；见教材第四章第四节 P64。

42. 信托（契约）型基金治理结构的基本特点是（　　）高度控制基金决策权。

A. 基金管理人

B. 原始股东

C. 基金托管人

D. 董事会

答案：A

知识点：内部组织的设置与投资决策；见教材第四章第四节 P64。

43. 公司型基金缴纳公司所得税之后，按照（　　）中关于利润分配的条款进行分配。

A.《公司法》

B.《合伙企业法》

C.《证券投资基金法》

D. 公司章程

答案：D

知识点：收益分配安排；见教材第四章第四节 P65。

44. 公司型基金的税收规则是（　　）。

A. 先税后分

B. 先分后税

C. 先税后证

D. 先证后税

答案：A

知识点：所得税；见教材第四章第四节 P66。

45.《企业所得税法》规定符合条件的居民企业之间的（　　）为免税收入，可以在计算应纳税所得额时减除。

A. 股息、红利等权益性投资收益

B. 特许权使用费收入

C. 接受捐赠收入

D. 转让财产收入

答案：A

知识点：所得税；见教材第四章第四节 P66。

46. 企业所得税的税率为（　　）%。

A. 13

B. 17

C. 20

D. 25

答案：D

知识点：所得税；见教材第四章第四节 P66。

47. 自然人投资者需缴纳股息红利所得税的税率为（　　）%。

A. 13

B. 17

C. 20

D. 25

答案：C

知识点：所得税；见教材第四章第四节 P66。

48. 根据《合伙企业法》等相关规定，合伙企业生产经营所得和其他所得采取
（　　）的原则。

A. 先税后分

B. 先分后税

C. 先税后证

D. 先证后税

答案：B

知识点：所得税；见教材第四章第四节 P67。

49. 公司型基金合同的法律形式为（　　）。

A. 《公司法》

B. 公司管理制度

C. 公司规章制度

D. 公司章程

答案：D

知识点：公司型基金合同；见教材第四章第五节 P69。

50. 公司成立的日期为（　　）。

A. 公司正式对外营业的日期

B. 公司资本缴足的日期

C. 公司营业执照签发日期

D. 公司向公司登记机关申请设立登记的日期

答案：C

知识点：公司型基金的设立条件、设立步骤；见教材第四章第五节 P71。

51. 股份公司型基金由（　　　）向公司登记管理机关申请设立登记。

A. 发起人

B. 股东

C. 股东指定代表

D. 董事会

答案：D

知识点：公司型基金的设立条件、设立步骤；见教材第四章第五节 P71。

二、组合型单项选择题（以下各小题所给出的 4 个选项中，只有 1 项最符合题目要求，请将正确选项的代码填入括号内，不填、错填、漏填均不得分）

1. 从募集主体机构的角度来看，股权投资基金的募集分为（　　　）。

Ⅰ. 公开募集

Ⅱ. 自行募集

Ⅲ. 委托募集

Ⅳ. 非公开募集

A. Ⅰ、Ⅳ

B. Ⅱ、Ⅲ

C. Ⅰ、Ⅱ、Ⅳ

D. Ⅰ、Ⅱ、Ⅲ、Ⅳ

答案：B

知识点：募集的概念；见教材第四章第一节 P51。

2. 我国现行的股权投资基金组织形式主要分为（　　　）。

Ⅰ. 公司型

Ⅱ. 合伙型

Ⅲ. 基金型

Ⅳ. 信托型

A. Ⅰ、Ⅲ、Ⅳ

B. Ⅱ、Ⅲ、Ⅳ

C. Ⅰ、Ⅱ、Ⅳ

D. Ⅰ、Ⅱ、Ⅲ、Ⅳ

答案：C

知识点：基金的设立；见教材第四章第一节 P51。

3. 影响组织形式选择的因素众多，主要有（   ）。

Ⅰ. 法律依据

Ⅱ. 监管要求

Ⅲ. 股权投资业务的适应程度

Ⅳ. 基金运营实务的要求

A. Ⅰ、Ⅲ、Ⅳ

B. Ⅱ、Ⅲ、Ⅳ

C. Ⅰ、Ⅱ、Ⅳ

D. Ⅰ、Ⅱ、Ⅲ、Ⅳ

答案：D

知识点：基金的设立；见教材第四章第一节 P51。

4. 基金的募集是基金管理人募集资金的过程，主要考虑（   ）等问题。

Ⅰ. 募集渠道

Ⅱ. 募集对象

Ⅲ. 募集规模

Ⅳ. 募集过程合规性

A. Ⅰ、Ⅲ、Ⅳ

B. Ⅱ、Ⅲ、Ⅳ

C. Ⅰ、Ⅱ、Ⅳ

D. Ⅰ、Ⅱ、Ⅲ、Ⅳ

答案：C

知识点：基金募集和设立的区别；见教材第四章第一节 P52。

5. 基金的设立是基金管理人依法设立开展股权投资业务主体的过程，主要考虑基金（   ）等问题。

Ⅰ. 组织形式

Ⅱ. 基金架构

Ⅲ. 登记备案

Ⅳ. 资金募集

A. Ⅰ、Ⅲ、Ⅳ

B. Ⅰ、Ⅱ、Ⅲ

C. Ⅰ、Ⅱ、Ⅳ

D.　Ⅱ、Ⅲ、Ⅳ

答案：B

知识点：基金募集和设立的区别；见教材第四章第一节 P52。

6. 国外股权投资基金的募集对象主要是（　　）。

Ⅰ. 养老基金

Ⅱ. 母基金

Ⅲ. 大学基金会

Ⅳ. 富有的个人或家族

A.　Ⅰ、Ⅱ、Ⅲ、Ⅳ

B.　Ⅰ、Ⅱ、Ⅲ

C.　Ⅰ、Ⅱ、Ⅳ

D.　Ⅱ、Ⅲ、Ⅳ

答案：A

知识点：国外股权投资基金投资者的主要类型；见教材第四章第二节 P52。

7. 国内股权投资基金的募集对象主要包括（　　）等。

Ⅰ. 政府引导基金

Ⅱ. 母基金

Ⅲ. 社会保障金

Ⅳ. 大学基金会

A.　Ⅰ、Ⅱ、Ⅲ、Ⅳ

B.　Ⅰ、Ⅱ、Ⅲ

C.　Ⅰ、Ⅱ、Ⅳ

D.　Ⅱ、Ⅲ、Ⅳ

答案：B

知识点：中国股权投资基金投资者的主要类型；见教材第四章第二节 P52。

8. 养老基金包括（　　）。

Ⅰ. 公司养老基金

Ⅱ. 公共养老基金

Ⅲ. 社会养老基金

Ⅳ. 社会保障金

A.　Ⅰ、Ⅱ、Ⅲ、Ⅳ

B.　Ⅰ、Ⅱ、Ⅲ

C.　Ⅰ、Ⅱ

D.　Ⅱ、Ⅲ、Ⅳ

答案：C

知识点：国外股权投资基金投资者的主要类型；见教材第四章第二节 P53。

9. 母基金是以股权投资基金为投资对象的基金，其在（ ）等方面具有较高的专业化水平。

Ⅰ. 基金的筛选

Ⅱ. 投资组合的分配

Ⅲ. 投资组合的风险管理

Ⅳ. 基金的监控

A. Ⅰ、Ⅱ、Ⅲ、Ⅳ

B. Ⅰ、Ⅱ、Ⅳ

C. Ⅰ、Ⅲ、Ⅳ

D. Ⅱ、Ⅲ、Ⅳ

答案：A

知识点：国外股权投资基金投资者的主要类型；见教材第四章第二节 P53。

10. 有资金实力的大型企业通常采取（ ）方式参与股权投资。

Ⅰ. 以子公司的形式进行创业投资或并购投资业务

Ⅱ. 通过信托计划形成的契约型股权投资基金

Ⅲ. 以购买私募信托的方式参与股权投资基金

Ⅳ. 参与专业基金管理人发起设立的股权投资基金

A. Ⅰ、Ⅱ、Ⅲ

B. Ⅰ、Ⅳ

C. Ⅰ、Ⅲ、Ⅳ

D. Ⅱ、Ⅲ、Ⅳ

答案：B

知识点：国外股权投资基金投资者的主要类型；见教材第四章第二节 P53。

11. 在西方国家，参与股权投资基金的金融机构主要包括（ ）。

Ⅰ. 证券公司

Ⅱ. 商业银行

Ⅲ. 投资银行

Ⅳ. 基金公司

A. Ⅱ、Ⅲ

B. Ⅰ、Ⅳ

C. Ⅲ、Ⅳ

D. Ⅰ、Ⅱ

答案：A

知识点：国外股权投资基金投资者的主要类型；见教材第四章第二节 P53。

12. 金融机构投资于股权投资基金主要有（　　　）等方式。

Ⅰ. 以子公司的形式进行创业投资或并购投资业务

Ⅱ. 作为基金投资者投资于股权投资基金

Ⅲ. 作为基金管理人发起成立基金，直接参与股权投资

Ⅳ. 通过信托计划形成的契约型股权投资基金

A. Ⅰ、Ⅱ、Ⅲ

B. Ⅰ、Ⅳ

C. Ⅰ、Ⅲ、Ⅳ

D. Ⅱ、Ⅲ

答案：D

知识点：国外股权投资基金投资者的主要类型；见教材第四章第二节 P53。

13. 随着监管规则的逐步放宽，（　　　）等金融机构正成为越来越重要的股权投资基金投资者。

Ⅰ. 保险公司

Ⅱ. 商业银行

Ⅲ. 证券公司

Ⅳ. 基金子公司

A. Ⅰ、Ⅱ、Ⅲ

B. Ⅰ、Ⅱ、Ⅲ、Ⅳ

C. Ⅰ、Ⅲ、Ⅳ

D. Ⅱ、Ⅲ、Ⅳ

答案：B

知识点：中国股权投资基金投资者的主要类型；见教材第四章第二节 P55。

14. 我国投资于股权投资基金的工商企业包括（　　　）等。

Ⅰ. 外国企业

Ⅱ. 注册在我国的外资企业

Ⅲ. 国有企业

Ⅳ. 民营企业

A. Ⅰ、Ⅱ、Ⅲ

B. Ⅰ、Ⅲ、Ⅳ

C. Ⅰ、Ⅱ、Ⅲ、Ⅳ

D. Ⅱ、Ⅲ、Ⅳ

答案：C

知识点：中国股权投资基金投资者的主要类型；见教材第四章第二节 P55。

15. 高净值个人投资者主要为（　　）等。

Ⅰ. 企业家

Ⅱ. 大型企业高管

Ⅲ. 娱乐及体育明星

Ⅳ. 商人

A. Ⅰ、Ⅱ、Ⅲ

B. Ⅰ、Ⅲ、Ⅳ

C. Ⅰ、Ⅱ、Ⅲ、Ⅳ

D. Ⅱ、Ⅲ、Ⅳ

答案：A

知识点：中国股权投资基金投资者的主要类型；见教材第四章第二节 P55。

16. 通常情况下，合格投资者是指具有一定（　　）。

Ⅰ. 风险识别能力

Ⅱ. 风险规避能力

Ⅲ. 风险承担能力

Ⅳ. 风险转移能力

A. Ⅰ、Ⅱ、Ⅲ

B. Ⅰ、Ⅲ、Ⅳ

C. Ⅰ、Ⅲ

D. Ⅱ、Ⅲ、Ⅳ

答案：C

知识点：建立合格投资者制度的必要性；见教材第四章第二节 P56。

17. 相对于基金投资者，基金管理人居于信息优势地位，掌握着关于基金（　　）等关系到投资者利益的信息。

Ⅰ. 投资项目质量

Ⅱ. 投资规模大小

Ⅲ. 投资风险

Ⅳ. 投资业绩

A. Ⅰ、Ⅱ、Ⅲ

B. Ⅰ、Ⅲ、Ⅳ

C. Ⅰ、Ⅲ

D. Ⅱ、Ⅲ、Ⅳ

答案：B

知识点：建立合格投资者制度的必要性；见教材第四章第二节 P56。

18. 不同于一般的投资者，合格投资者往往（   ）。

Ⅰ. 资本更雄厚

Ⅱ. 风险识别能力强

Ⅲ. 风险承受能力强

Ⅳ. 专业知识更为丰富

A. Ⅰ、Ⅱ、Ⅲ

B. Ⅰ、Ⅲ、Ⅳ

C. Ⅰ、Ⅱ、Ⅲ、Ⅳ

D. Ⅱ、Ⅲ、Ⅳ

答案：C

知识点：建立合格投资者制度的必要性；见教材第四章第二节 P56。

19. 西方国家的合格投资者标准经历了一些变化，现行合格投资者标准通常具备以下（   ）特点。

Ⅰ. 原则要求投资者具有一定的风险识别能力和风险承担能力

Ⅱ. 要求投资者认购的基金份额达到某一最低要求

Ⅲ. 根据投资者的资产规模或收入水平判断其风险承担能力

Ⅳ. 认可某些持有特定金融牌照（如商业银行）或其他大型专业投资机构（如养老基金）及其高级管理人员为当然合格投资者

A. Ⅰ、Ⅱ、Ⅲ

B. Ⅰ、Ⅱ、Ⅲ、Ⅳ

C. Ⅰ、Ⅲ、Ⅳ

D. Ⅱ、Ⅲ、Ⅳ

答案：B

知识点：合格投资者的标准；见教材第四章第二节 P56。

20. 我国《证券投资基金法》对合格投资者的定义是（   ）。

Ⅰ. 达到规定资产规模或者收入水平

Ⅱ. 具备相应的风险识别能力和风险承担能力

Ⅲ. 其基金份额认购金额不低于规定限额的单位和个人

Ⅳ. 投资的基金份额达到某一最低要求

A. Ⅰ、Ⅱ、Ⅲ

B. Ⅰ、Ⅱ、Ⅲ、Ⅳ

C. Ⅰ、Ⅲ、Ⅳ

D. Ⅱ、Ⅲ、Ⅳ

答案：A

知识点：合格投资者的标准；见教材第四章第二节 P56。

21. 股权投资基金募集的一般流程主要包括（　　）。

Ⅰ. 募集筹备期

Ⅱ. 基金路演期

Ⅲ. 投资者确认

Ⅳ. 协议签署及出资

A. Ⅰ、Ⅱ、Ⅲ、Ⅳ

B. Ⅰ、Ⅱ、Ⅳ

C. Ⅰ、Ⅲ

D. Ⅱ、Ⅲ、Ⅳ

答案：A

知识点：募集流程；见教材第四章第三节 P58。

22. 我国要求包括股权投资基金在内的各类私募基金的募集需履行的程序包括
（　　）等步骤。

Ⅰ. 特定对象的确认、投资者适当性匹配

Ⅱ. 基金风险揭示

Ⅲ. 合格投资者确认

Ⅳ. 投资冷静期以及回访确认（非强制）

A. Ⅰ、Ⅱ、Ⅲ

B. Ⅰ、Ⅱ、Ⅳ

C. Ⅰ、Ⅲ、Ⅳ

D. Ⅰ、Ⅱ、Ⅲ、Ⅳ

答案：D

知识点：募集流程；见教材第四章第三节 P59。

23. 私募备忘录类似于"招股说明书"，是基金管理人撰写的说明（　　）的文件，
用于招募基金投资者参与基金投资。

Ⅰ. 投资规模

Ⅱ. 风险揭示

Ⅲ. 自身优势

Ⅳ. 投资计划

A. Ⅰ、Ⅱ、Ⅲ

B. Ⅰ、Ⅱ、Ⅳ

C. Ⅲ、Ⅳ

D. Ⅰ、Ⅱ、Ⅲ、Ⅳ

答案：C

知识点：募集所需主要资料；见教材第四章第三节 P59。

24. 私募备忘录（PPM）通常包含如下（　　）等内容。

Ⅰ. 基金的规模、存续期和预计封闭时间

Ⅱ. 基金管理人在管基金情况摘要

Ⅲ. 机构和基金的投资理念，包括投资策略和基金管理人在特定市场上的竞争优势

Ⅳ. 重要基金条款，包括分配机制、管理费及管理人投入

A. Ⅰ、Ⅱ、Ⅲ

B. Ⅰ、Ⅱ、Ⅳ

C. Ⅱ、Ⅲ、Ⅳ

D. Ⅰ、Ⅱ、Ⅲ、Ⅳ

答案：D

知识点：募集所需主要资料；见教材第四章第三节 P59。

25. 募集推介资料中，基金管理人需要保证募集推介资料内容的（　　）。

Ⅰ. 真实性

Ⅱ. 完整性

Ⅲ. 准确性

Ⅳ. 及时性

A. Ⅰ、Ⅱ、Ⅲ

B. Ⅰ、Ⅱ、Ⅳ

C. Ⅱ、Ⅲ、Ⅳ

D. Ⅰ、Ⅱ、Ⅲ、Ⅳ

答案：A

知识点：募集所需主要资料；见教材第四章第三节 P59。

26. 反向尽职调查资料内容通常包括（　　）。

Ⅰ. 基金管理人基本情况

Ⅱ. 基金管理人内部治理和重要制度

Ⅲ. 历史基金或业绩项目

Ⅳ. 核心团队成员信息

A. Ⅰ、Ⅱ、Ⅲ

B. Ⅰ、Ⅱ、Ⅳ

C. Ⅱ、Ⅲ、Ⅳ

D. Ⅰ、Ⅱ、Ⅲ、Ⅳ

答案：D

知识点：募集所需主要资料；见教材第四章第三节 P59。

27. 以下列举的是基金条款书中常见的基金条款的有（   ）。

Ⅰ. 管理费是股权投资基金运营成本中的重要组成，是基金管理人向基金收取的费用，数额一般为基金规模的一定百分比，计提方式也可进行商务约定

Ⅱ. 业绩报酬机制是对股权投资基金管理人的重要激励措施

Ⅲ. 资金承诺（或称为认缴规模）是基金投资者所承诺的要投入一只基金的总的资金额度，基金投资者在作出承诺的时候，往往要求基金管理人也承诺投入资金

Ⅳ. 在股权投资基金中，承诺的投入资金通常一次性汇入基金账户

A. Ⅰ、Ⅲ、Ⅳ

B. Ⅰ、Ⅱ、Ⅳ

C. Ⅱ、Ⅲ、Ⅳ

D. Ⅰ、Ⅱ、Ⅲ

答案：D

知识点：募集所需主要资料；见教材第四章第三节 P60。

28. 在经营/投资范围条款中，由于股权基金的投资本身存在较高不确定性，基金投资者与基金管理人通常会明确约定（   ）等相关条款。

Ⅰ. 投资期

Ⅱ. 投资范围

Ⅲ. 投资规模

Ⅳ. 投资限制

A. Ⅰ、Ⅲ、Ⅳ

B. Ⅰ、Ⅱ、Ⅳ

C. Ⅱ、Ⅲ、Ⅳ

D. Ⅰ、Ⅱ、Ⅲ

答案：B

知识点：募集所需主要资料；见教材第四章第三节 P60。

29. 以业绩报酬机制为核心的利润分配条款可能包括（   ）等内容。

Ⅰ. 收益分配方式

Ⅱ. 门槛收益率

Ⅲ. 追赶方式

Ⅳ. 业绩报酬

A. Ⅰ、Ⅲ、Ⅳ

B. Ⅰ、Ⅱ、Ⅳ

C. Ⅰ、Ⅱ、Ⅲ、Ⅳ

D. Ⅰ、Ⅱ、Ⅲ

答案：C

知识点：募集所需主要资料；见教材第四章第三节 P60。

30. 退出与份额转让股权投资基金运作周期通常较长，基金管理人通常希望就募集时设定的基金经营期限和规模稳定运行，因此会和投资者之间就（　　）等进行限制和约束。

Ⅰ. 基金扩募和缩募

Ⅱ. 份额退出

Ⅲ. 份额转让

Ⅳ. 基金清算

A. Ⅰ、Ⅲ、Ⅳ

B. Ⅰ、Ⅱ、Ⅳ

C. Ⅰ、Ⅱ、Ⅲ、Ⅳ

D. Ⅰ、Ⅱ、Ⅲ

答案：C

知识点：募集所需主要资料；见教材第四章第三节 P60。

31. 募集所需主要资料有（　　）。

Ⅰ. 私募备忘录（PPM）

Ⅱ. 募集推介资料

Ⅲ. （反向）尽职调查资料

Ⅳ. 基金条款书

A. Ⅰ、Ⅲ、Ⅳ

B. Ⅰ、Ⅱ、Ⅳ

C. Ⅱ、Ⅲ、Ⅳ

D. Ⅰ、Ⅱ、Ⅲ、Ⅳ

答案：D

知识点：募集所需主要资料；见教材第四章第三节 P59。

32. 募集机构从募集阶段开始就需要对基金投资者投向基金的资金与财产安全承担责任与义务，从原则上主要包括（　　）等方面。

Ⅰ. 募集机构在募集过程中应恪尽职守、诚实守信、谨慎勤勉，防范利益冲突，履行风险提醒义务、反洗钱义务等相关义务，并按照法规要求的合格投资者制度承担特定对象确定、投资者适当性审查与确认等相关责任

Ⅱ. 募集机构在募集阶段应与基金投资者关于基金合同及附属文件充分沟通，并就法规可能影响的基金合同生效程序进行客观描述

Ⅲ. 募集机构应建立相关制度保障投资者的商业秘密并对个人信息严格保密，并确保基金相关的未公开信息不被用于进行非法交易等

Ⅳ. 募集机构应建立相关制度以保障基金财产和客户资金安全，但仅包括基金募集与分配账户安排、基金托管安排方面

A. Ⅰ、Ⅲ、Ⅳ

B. Ⅰ、Ⅱ、Ⅳ

C. Ⅰ、Ⅱ、Ⅲ

D. Ⅰ、Ⅱ、Ⅲ、Ⅳ

答案：C

知识点：募集机构责任和义务承担的一般原则；见教材第四章第三节 P60 ~ P61。

33. 2007 年 6 月 1 日起，将合伙人分为（   ）。

Ⅰ. 有限合伙人

Ⅱ. 无限合伙人

Ⅲ. 普通合伙人

Ⅳ. 特殊合伙人

A. Ⅰ、Ⅲ

B. Ⅱ、Ⅳ

C. Ⅱ、Ⅲ

D. Ⅰ、Ⅳ

答案：A

知识点：我国股权投资基金的主要法律与监管依据；见教材第四章第四节 P61。

34. 2007 年 3 月 1 日中国银监会颁布实施《信托公司集合资金信托计划管理办法》（于 2009 年 2 月 4 日进行了修订）以及后续专门针对股权投资信托业务的操作指引，规定了信托公司可以运用（   ）方式运用信托资金。

Ⅰ. 债权

Ⅱ. 股权

Ⅲ. 物权

Ⅳ. 产权

A. Ⅰ、Ⅲ、Ⅳ

B. Ⅰ、Ⅱ、Ⅳ

C. Ⅱ、Ⅲ、Ⅳ

D. Ⅰ、Ⅱ、Ⅲ

答案：D

知识点：我国股权投资基金的主要法律与监管依据；见教材第四章第四节 P62。

35. 信托公司可将信托计划项下资金投资于（　　）。

Ⅰ. 上市公司优先股

Ⅱ. 上市公司限售流通股

Ⅲ. 未上市企业股权

Ⅳ. 中国银监会批准可以投资的其他股权

A. Ⅰ、Ⅲ、Ⅳ

B. Ⅰ、Ⅱ、Ⅳ

C. Ⅱ、Ⅲ、Ⅳ

D. Ⅰ、Ⅱ、Ⅲ

答案：C

知识点：我国股权投资基金的主要法律与监管依据；见教材第四章第四节 P62。

36. 2012～2013 年中国证监会公布实施了一系列部门规章和规范性文件，对证券公司、基金管理公司的资产管理业务进行规范，符合要求的资产管理计划可以进行未通过证券交易所转让的（　　）的投资，从而将信托（契约）型股权投资基金的形式扩充到资产管理计划中。

Ⅰ. 股权

Ⅱ. 债权

Ⅲ. 物权

Ⅳ. 其他财产权利

A. Ⅰ、Ⅲ、Ⅳ

B. Ⅰ、Ⅱ、Ⅳ

C. Ⅱ、Ⅲ、Ⅳ

D. Ⅰ、Ⅱ、Ⅲ

答案：B

知识点：我国股权投资基金的主要法律与监管依据；见教材第四章第四节 P62。

37. 股权投资基金的资金来源主要为（　　）。

Ⅰ. 各类机构投资者

Ⅱ. 个人投资者

Ⅲ. 高净值的个人客户

Ⅳ. 金融机构

A. Ⅰ、Ⅲ、Ⅳ

B. Ⅰ、Ⅱ、Ⅳ

C. Ⅱ、Ⅲ

D. Ⅰ、Ⅲ

答案：D

知识点：资金募集与出资安排；见教材第四章第四节 P62。

38. 合伙型基金根据《合伙企业法》可由合伙协议对（　　）进行约定。

Ⅰ. 出资方式

Ⅱ. 出资数额

Ⅲ. 股权分配

Ⅳ. 缴付期限

A. Ⅰ、Ⅲ、Ⅳ

B. Ⅰ、Ⅱ、Ⅳ

C. Ⅱ、Ⅲ

D. Ⅰ、Ⅲ

答案：B

知识点：资金募集与出资安排；见教材第四章第四节 P62。

39. 关于出资方式，《合伙企业法》规定有限合伙人可以用（　　）作价出资。

Ⅰ. 货币、实物

Ⅱ. 知识产权

Ⅲ. 土地使用权

Ⅳ. 劳务

A. Ⅰ、Ⅲ、Ⅳ

B. Ⅰ、Ⅱ、Ⅳ

C. Ⅰ、Ⅱ、Ⅲ

D. Ⅱ、Ⅲ

答案：C

知识点：资金募集与出资安排；见教材第四章第四节 P62 ~ P63。

40. 下列关于信托计划的说法中，正确的有（　　）。

Ⅰ. 信托计划，按中国银监会现行规定，单个信托计划的自然人人数不得超过 100 人

Ⅱ. 信托计划，按中国银监会现行规定，单笔委托金额在 300 万元以上的自然人投资者和合格的机构投资者数量不受限制

Ⅲ. 对于基金管理公司的专项资产管理计划的人数，按现行规定，单个资产管理计划的委托人不得超过 200 人

Ⅳ. 对于基金管理公司的专项资产管理计划的人数，按现行规定，单笔委托金额在

300 万元人民币以上的投资者数量不受限制

A. Ⅰ、Ⅲ、Ⅳ

B. Ⅰ、Ⅱ、Ⅳ

C. Ⅰ、Ⅱ、Ⅲ、Ⅳ

D. Ⅱ、Ⅲ、Ⅳ

答案：D

知识点：资金募集与出资安排；见教材第四章第四节 P63。

41. 股权投资基金的核心业务是（　　　）。

Ⅰ. 投资实施

Ⅱ. 投资预测

Ⅲ. 投资后管理

Ⅳ. 项目退出

A. Ⅰ、Ⅲ、Ⅳ

B. Ⅰ、Ⅱ、Ⅳ

C. Ⅰ、Ⅱ、Ⅲ

D. Ⅱ、Ⅲ、Ⅳ

答案：A

知识点：内部组织的设置与投资决策；见教材第四章第四节 P63。

42. 公司型基金中通过公司章程对公司内部（　　　）作出规定。

Ⅰ. 组织结构设立

Ⅱ. 管理权限

Ⅲ. 投资管理

Ⅳ. 利益分配

A. Ⅰ、Ⅲ、Ⅳ

B. Ⅰ、Ⅱ、Ⅳ

C. Ⅰ、Ⅱ、Ⅲ

D. Ⅱ、Ⅲ、Ⅳ

答案：B

知识点：内部组织的设置与投资决策；见教材第四章第四节 P63。

43. 下列说法中，正确的是（　　　）。

Ⅰ. 股东大会（股东会）是公司型基金的权力机构

Ⅱ. 在公司型基金中投资者作为股东拥有较大权力，可以在股东大会（股东会）层面对基金重大事项或重大投资进行决策

Ⅲ. 股东大会（股东会）聘任董事组成董事会与经理人员

Ⅳ. 在公司型基金中，既可以由公司内部的管理团队进行投资运营管理，也可以聘请外部管理机构进行投资运营管理

A. Ⅰ、Ⅲ、Ⅳ

B. Ⅰ、Ⅱ、Ⅲ

C. Ⅰ、Ⅱ、Ⅳ

D. Ⅱ、Ⅲ、Ⅳ

答案：C

知识点：内部组织的设置与投资决策；见教材第四章第四节 P63。

44. 下列关于合伙型基金的说法中，正确的有（　　）。

Ⅰ. 基金的投资者以有限合伙人的身份存在，汇集股权投资所需的大部分资金，以其认缴的出资额为限对合伙企业债务承担责任

Ⅱ. 有限合伙人不执行合伙事务，不得对外代表有限合伙企业

Ⅲ. 普通合伙人对合伙企业的债务承担无限连带责任，并负责合伙企业事务的执行，合伙企业投资与资产处置的最终决策应由普通合伙人作出

Ⅳ. 在实际操作中，通常作为基金合伙事务实际执行者的基金管理人机构，往往会设立承担有限责任的子公司充当基金的普通合伙人

A. Ⅰ、Ⅱ、Ⅲ、Ⅳ

B. Ⅰ、Ⅱ、Ⅲ

C. Ⅰ、Ⅱ、Ⅳ

D. Ⅱ、Ⅲ、Ⅳ

答案：A

知识点：内部组织的设置与投资决策；见教材第四章第四节 P64。

45. 股东大会（股东会）是公司的权力机构，合伙人会议审议（　　）等内容。

Ⅰ. 合伙人入伙

Ⅱ. 合伙人份额转让

Ⅲ. 合伙企业审计机构聘任等事项

Ⅳ. 合伙人退伙

A. Ⅰ、Ⅱ、Ⅲ、Ⅳ

B. Ⅰ、Ⅱ、Ⅲ

C. Ⅰ、Ⅱ、Ⅳ

D. Ⅱ、Ⅲ、Ⅳ

答案：A

知识点：内部组织的设置与投资决策；见教材第四章第四节 P64。

46. 下列关于公司型基金的收益安排的说法中，正确的有（　　）。

Ⅰ. 按照《公司法》的规定，税后利润分配需在亏损弥补和提取公积金之后进行，分配顺序的灵活性相对较低

Ⅱ. 为避免提取大量公积金，实务中往往将账面资本金设计成远低于实际资本金

Ⅲ. 公司弥补亏损和提取公积金后所余税后利润在分配时，通常在有限责任公司型基金的股东中按照实缴的出资比例分配，或在股份有限公司型基金的股东中按照股东持有的股份比例分配

Ⅳ. 新修订的《公司法》规定：若通过全体股东约定或股份有限公司章程规定，则可以突破前述常规安排

A. Ⅰ、Ⅱ、Ⅲ、Ⅳ

B. Ⅰ、Ⅱ、Ⅲ

C. Ⅰ、Ⅱ、Ⅳ

D. Ⅱ、Ⅲ、Ⅳ

答案：A

知识点：收益分配安排；见教材第四章第四节 P65。

47. 下列关于合伙型基金的收益安排的说法中，正确的有（　　）

Ⅰ. 合伙企业的利润分配、亏损分担，按照合伙协议的约定办理

Ⅱ. 合伙协议未约定或者约定不明确的，由合伙人协商决定

Ⅲ. 合伙人关于收益分配协商不成的，由合伙人按照实缴出资比例分配、分担；无法确定出资比例的，由合伙人平均分配、分担

Ⅳ. 在实务中，合伙型基金的收益分配原则、时点和顺序也通常根据股权投资业务中投资者和管理人的需求进行适应性安排

A. Ⅰ、Ⅱ、Ⅲ、Ⅳ

B. Ⅰ、Ⅱ、Ⅲ

C. Ⅰ、Ⅱ、Ⅳ

D. Ⅱ、Ⅲ、Ⅳ

答案：A

知识点：收益分配安排；见教材第四章第四节 P65。

48. 下列关于对信托（契约）型基金的收益安排的说法中，正确的有（　　）。

Ⅰ. 对信托（契约）型基金来说，基金收益分配的原则、时间和顺序等安排均通过契约约定，体现出较大的灵活性

Ⅱ.《信托法》规定共同受益人按照信托文件的规定享受信托利益。信托文件对信托利益的分配比例或者分配方法未作规定的，各受益人按照均等的比例享受信托利益

Ⅲ.《证券投资基金法》规定了通过非公开募集方式设立的信托（契约）型基金的收益分配和风险承担由基金合同约定，非公开募集基金应当在基金合同中不包括基金收

益分配原则、执行方式

Ⅳ. 在实务中，相关约定同样需参照现行行业监管和业务指引的要求，例如，关于结构化产品的使用，需要符合相关业务规范的要求

A. Ⅰ、Ⅱ、Ⅲ、Ⅳ

B. Ⅰ、Ⅱ、Ⅲ

C. Ⅰ、Ⅱ、Ⅳ

D. Ⅱ、Ⅲ、Ⅳ

答案：C

知识点：收益分配安排；见教材第四章第四节 P65。

49.《企业所得税法》规定：公司以货币形式和非货币形式从各种来源取得的收入，主要包括（　　）。

Ⅰ. 销售货物收入

Ⅱ. 股息、红利等权益性投资收益

Ⅲ. 利息收入

Ⅳ. 特许权使用费收入

A. Ⅰ、Ⅲ、Ⅳ

B. Ⅰ、Ⅱ、Ⅲ

C. Ⅰ、Ⅱ、Ⅳ

D. Ⅰ、Ⅱ、Ⅲ、Ⅳ

答案：D

知识点：所得税；见教材第四章第四节 P66。

50. 合伙企业每一纳税年度的收入总额减除（　　）后的余额，为生产经营所得。

Ⅰ. 股东红利

Ⅱ. 成本

Ⅲ. 费用

Ⅳ. 损失

A. Ⅰ、Ⅲ、Ⅳ

B. Ⅱ、Ⅲ、Ⅳ

C. Ⅰ、Ⅱ、Ⅳ

D. Ⅰ、Ⅱ、Ⅲ、Ⅳ

答案：B

知识点：所得税；见教材第四章第四节 P67。

51.（　　）通常均不作为课税主体，投资者应纳所得税一般也不实行代扣代缴，而是由投资者自行缴纳。

Ⅰ. 信托计划

Ⅱ. 资管计划

Ⅲ. 合伙型基金

Ⅳ. 信托（契约）型基金

A. Ⅰ、Ⅲ、Ⅳ

B. Ⅱ、Ⅲ、Ⅳ

C. Ⅰ、Ⅱ、Ⅳ

D. Ⅰ、Ⅱ、Ⅲ、Ⅳ

答案：C

知识点：所得税；见教材第四章第四节 P68。

52. 下列关于增值税的说法中，正确的有（　　）。

Ⅰ. 根据财政部、国家税务总局的相关规定，金融业纳入营改增试点范围，由缴纳营业税改为缴纳增值税

Ⅱ. 股权投资基金运作股权投资业务取得不同形态的资本增值中，项目股息、分红收入属于股息红利所得，不属于增值税征税范围

Ⅲ. 项目退出收入通过并购或回购等非上市股权转让方式退出的，属于增值税征税范围

Ⅳ. 若项目上市后通过二级市场退出，则需按税务机关的要求，计缴增值税

A. Ⅰ、Ⅲ、Ⅳ

B. Ⅱ、Ⅲ、Ⅳ

C. Ⅰ、Ⅱ、Ⅳ

D. Ⅰ、Ⅱ、Ⅲ、Ⅳ

答案：C

知识点：流转税—增值税；见教材第四章第四节 P68。

53. 有限责任公司的章程应当载明（　　）。

Ⅰ. 公司名称和住所

Ⅱ. 股东的姓名或者名称

Ⅲ. 股东的出资方式、出资额和出资时间

Ⅳ. 公司的机构及其产生办法、职权、议事规则

A. Ⅰ、Ⅲ、Ⅳ

B. Ⅱ、Ⅲ、Ⅳ

C. Ⅰ、Ⅱ、Ⅳ

D. Ⅰ、Ⅱ、Ⅲ、Ⅳ

答案：D

知识点：公司型基金合同；见教材第四章第五节 P69。

54. 股份有限公司的章程应当载明（　　）。

Ⅰ. 公司名称和住所、公司经营范围

Ⅱ. 公司股份总数、每股金额和注册资本

Ⅲ. 发起人的姓名或者名称、认购的股份数、出资方式和出资时间

Ⅳ. 董事会的组成、职权和议事规则

A. Ⅰ、Ⅲ、Ⅳ

B. Ⅰ、Ⅱ、Ⅲ、Ⅳ

C. Ⅰ、Ⅱ、Ⅳ

D. Ⅰ、Ⅱ、Ⅲ

答案：B

知识点：公司型基金合同；见教材第四章第五节 P69。

55. 在公司型基金的章程中，关于投资事项主要包括（　　）。

Ⅰ. 投资范围

Ⅱ. 投资运作方式

Ⅲ. 关联方认定标准及关联方投资的回避制度

Ⅳ. 托管事项

A. Ⅰ、Ⅲ、Ⅳ

B. Ⅰ、Ⅱ、Ⅲ、Ⅳ

C. Ⅰ、Ⅱ、Ⅳ

D. Ⅰ、Ⅱ、Ⅲ

答案：D

知识点：公司型基金合同；见教材第四章第五节 P69。

56. 公司型基金的公司章程主要有（　　）等内容。

Ⅰ. 利润分配及亏损分担

Ⅱ. 风险规避制度

Ⅲ. 信息披露制度

Ⅳ. 税务承担

A. Ⅰ、Ⅲ、Ⅳ

B. Ⅰ、Ⅱ、Ⅲ、Ⅳ

C. Ⅰ、Ⅱ、Ⅳ

D. Ⅰ、Ⅱ、Ⅲ

答案：A

知识点：公司型基金合同；见教材第四章第五节 P69。

57.《合伙企业法》规定，合伙协议应当载明（　　）。

Ⅰ. 合伙企业的名称和主要经营场所的地点

Ⅱ. 发起人的姓名或者名称、认购的股份数、出资方式和出资时间

Ⅲ. 利润分配、亏损分担方式

Ⅳ. 合伙企业的解散与清算

A. Ⅱ、Ⅲ、Ⅳ

B. Ⅰ、Ⅲ、Ⅳ

C. Ⅰ、Ⅱ、Ⅳ

D. Ⅰ、Ⅱ、Ⅲ

答案：B

知识点：合伙型基金合同；见教材第四章第五节 P70。

58. 根据《证券投资基金法》的要求，信托（契约）型基金合同应包括（　　）等内容。

Ⅰ. 交易及清算交收安排

Ⅱ. 基金财产的估值和会计核算

Ⅲ. 基金合同的效力、变更、解除与终止

Ⅳ. 基金份额持有人大会及日常机构

A. Ⅱ、Ⅲ、Ⅳ

B. Ⅰ、Ⅲ、Ⅳ

C. Ⅰ、Ⅱ、Ⅳ

D. Ⅰ、Ⅱ、Ⅲ、Ⅳ

答案：D

知识点：信托（契约）型基金合同；见教材第四章第五节 P70。

59. 信托型基金合同中适应股权投资业务的具体内容应包括（　　）。

Ⅰ. 基金的募集

Ⅱ. 基金的设立

Ⅲ. 当事人及权利义务

Ⅳ. 基金的费用与税收

A. Ⅱ、Ⅲ、Ⅳ

B. Ⅰ、Ⅲ、Ⅳ

C. Ⅰ、Ⅱ、Ⅳ

D. Ⅰ、Ⅱ、Ⅲ、Ⅳ

答案：B

知识点：信托（契约）型基金合同；见教材第四章第五节 P70。

60. 根据《公司法》的相关规定，设立有限责任公司，应当具备（   ）条件。

Ⅰ. 股东符合法定人数

Ⅱ. 有符合公司章程规定的全体股东认购的出资额

Ⅲ. 股东共同制定公司章程

Ⅳ. 有公司名称，建立符合有限责任公司要求的组织机构

A. Ⅰ、Ⅱ、Ⅳ

B. Ⅰ、Ⅱ、Ⅲ、Ⅳ

C. Ⅰ、Ⅲ、Ⅳ

D. Ⅰ、Ⅱ、Ⅲ

答案：B

知识点：公司型基金的设立条件、设立步骤；见教材第四章第五节 P70 ~ P71。

61. 根据《公司法》的相关规定，设立股份有限公司，应当具备（   ）条件。

Ⅰ. 发起人符合法定人数

Ⅱ. 股东大会制定公司章程，采用募集方式设立的经创立大会通过

Ⅲ. 有公司名称，建立符合有限责任公司要求的组织机构

Ⅳ. 有符合公司章程规定的全体发起人认定的股本总额或者募集的实收股本总额

A. Ⅰ、Ⅱ、Ⅳ

B. Ⅰ、Ⅱ、Ⅲ、Ⅳ

C. Ⅰ、Ⅲ、Ⅳ

D. Ⅰ、Ⅱ、Ⅲ

答案：C

知识点：公司型基金的设立条件、设立步骤；见教材第四章第五节 P71。

62. 根据《合伙企业法》的相关规定，设立有限合伙企业，应当具备（   ）条件。

Ⅰ. 有限合伙人可以用劳务出资

Ⅱ. 有限合伙企业至少应当有一个普通合伙人

Ⅲ. 有书面合伙协议

Ⅳ. 有限合伙企业由 2 个以上 50 个以下合伙人设立

A. Ⅰ、Ⅱ、Ⅳ

B. Ⅱ、Ⅲ、Ⅳ

C. Ⅰ、Ⅲ、Ⅳ

D. Ⅰ、Ⅱ、Ⅲ

答案：B

知识点：合伙型基金的设立条件、设立步骤；见教材第四章第五节 P71 ~ P72。

63. 合伙型基金应根据（　　）以及各地工商登记机构的要求由全体合伙人指定的代表或者共同委托的代理人向企业登记机关申请设立登记。

Ⅰ.《公司法》

Ⅱ.《合伙企业法》

Ⅲ.《合伙登记管理办法》

Ⅳ. 公司章程

A. Ⅰ、Ⅱ

B. Ⅱ、Ⅲ

C. Ⅲ、Ⅳ

D. Ⅰ、Ⅲ

答案：B

知识点：合伙型基金的设立条件、设立步骤；见教材第四章第五节 P72。

64. 下列关于信托型基金的说法中，正确的有（　　）。

Ⅰ. 根据相关法律法规的规定，信托（契约）型基金的设立不涉及工商登记的程序

Ⅱ. 通过订立基金合同明确基金投资者、基金管理人及基金托管人在基金管理业务过程中的权利、义务及职责，确保委托财产的安全，保护当事人各方的合法权益

Ⅲ. 各类组织形式的股权投资基金在完成前述设立程序后，在现行自律规则下，应由基金管理人在基金设立后的限定日期内到中国证券投资基金业协会办理基金产品备案

Ⅳ. 信托（契约）型基金治理结构的基本特点是原始股东具有高度控制基金决策权

A. Ⅰ、Ⅱ、Ⅳ

B. Ⅱ、Ⅲ、Ⅳ

C. Ⅰ、Ⅲ、Ⅳ

D. Ⅰ、Ⅱ、Ⅲ

答案：D

知识点：信托（契约）型基金设立的一般原则；见教材第四章第五节 P72。

第五章　股权投资基金的投资

一、单项选择题（以下各小题所给出的 **4** 个选项中，只有 **1** 项最符合题目要求，请将正确选项的代码填入括号内，不填、错填均不得分）

1. 股权投资基金投资流程围绕（　　）展开。

A. 项目立项

B. 尽职调查

C. 投资决策

D. 签署投资框架协议

答案：C

知识点：股权投资基金一般投资流程包含的内容；见教材第五章第一节 P75。

2. （　　）不属于中介机构推荐的项目来源。

A. 律师事务所

B. 会计师事务所

C. 财务顾问

D. 基金公司

答案：D

知识点：项目开发与筛选的概念与基本内容；见教材第五章第一节 P76。

3. 初步尽职调查的核心是对拟投资项目进行（　　）。

A. 价值判断

B. 信用评估

C. 风险预测

D. 投资分析

答案：A

知识点：项目初步尽职调查的概念与基本内容；见教材第五章第一节 P76。

4. 投资框架协议也称投资条款清单，通常由（　　）提出。

A. 基金管理人

B. 投资方

C. 投资决策委员会

D. 目标公司

答案：B

知识点：投资框架协议、投资协议的基本内容；见教材第五章第一节 P77。

5. 股权投资业务流程中不可或缺的一个环节是（　　），通常被视为投资管理人核心竞争力的体现。

A. 项目立项

B. 投资决策

C. 尽职调查

D. 投资交割

答案：C

知识点：投资决策的一般流程，决策程序的基本内容；见教材第五章第一节 P77。

6. 尽职调查的主要内容不包括（　　）。

A. 业务

B. 财务

C. 法律

D. 管理

答案：D

知识点：尽职调查的概念与基本内容；见教材第五章第一节 P77。

7. 股权投资机构尽职调查的目的，是尽可能全面地获取目标公司的（　　）。

A. 真实信息

B. 信用等级

C. 管理模式

D. 风险预测

答案：A

知识点：尽职调查的概念、目的和作用；见教材第五章第二节 P79。

8. 在尽职调查中相当重要是（　　），直接决定投资回报的质量。

A. 价值发现和控制

B. 风险发现和控制

C. 投资决策的制定

D. 投资决策辅助

答案：B

知识点：尽职调查的概念、目的和作用；见教材第五章第二节 P80。

9. 尽职调查工作的核心是（　　）。

A. 财务尽职调查

B. 业务尽职调查

C. 资质尽职调查

D. 法律尽职调查

答案：B

知识点：业务尽职调查的概念与重点关注的内容；见教材第五章第二节 P81。

10. 财务尽职调查重点关注目标企业的（　　）情况。

A. 历史财务业绩

B. 现金流

C. 营运资金

D. 融资结构

答案：A

知识点：财务尽职调查的概念与重点关注的内容；见教材第五章第二节 P82。

11. 资产负债表项目中，不属于需重点核查真实性的资产项目的真实性（　　）。

A. 公司货币资金

B. 无形资产

C. 销售成本

D. 坏账计提

答案：C

知识点：财务尽职调查的概念与重点关注的内容；见教材第五章第二节 P83。

12. 公司最近收购兼并其他企业资产或股权，且被收购企业资产总额或营业收入或净利润超过收购前公司相应项目一定比例的，应获得被收购企业收购（　　）的财务报表，核查其财务情况。

A. 今年

B. 前一年

C. 前二年

D. 前三年

答案：B

知识点：财务尽职调查的概念与重点关注的内容；见教材第五章第二节 P83。

13. 从功能角度来看，法律尽职调查更多的是定位于（　　）。

A. 风险发现

B. 风险控制

C. 风险评估

D. 价值发现

答案：A

知识点：法律尽职调查的概念与重点关注的内容；见教材第五章第二节 P84。

14. 实施尽职调查前由股权投资基金组建一个尽职调查小组，小组成员不包括(　　)。

A. 投资管理人员

B. 投资方

C. 律师

D. 会计师

答案：B

知识点：尽职调查的方法；见教材第五章第二节 P86。

15. 一般而言，尽职调查报告不包括（　　）部分。

A. 引言

B. 前言

C. 正文

D. 附件

答案：A

知识点：尽职调查报告的基本内容；见教材第五章第二节 P88。

16. 估值是投资最重要的环节之一，估值条款也是投资协议的重要内容，投资前需要明确目标公司的（　　）。

A. 公允价值

B. 市场价值

C. 理论价值

D. 最终价值

答案：A

知识点：估值的概念；见教材第五章第三节 P90。

17. 企业价值是指（　　）共同拥有的公司运营所产生的价值。

A. 股东

B. 债权人

C. 所有出资人

D. 董事会

答案：C

知识点：企业价值与股权价值；见教材第五章第三节 P90。

18. 作为股权投资者，股权投资基金关心的是（　　）。

A. 股权价值

B. 市场价值

C. 企业价值

D. 最终价值

答案：A

知识点：企业价值与股权价值；见教材第五章第三节 P90。

19. 企业价值与股权价值之间的关系是（   ）。

A. 企业价值 = 股权价值 + 净债务

B. 企业价值 = 股权价值 − 净债务

C. 企业价值 = 股权价值 − 净债务 + 市场价值

D. 企业价值 = 股权价值 + 净债务 + 市场价值

答案：A

知识点：企业价值与股权价值；见教材第五章第三节 P90。

20. 一般价值等式为（   ）。

A. 企业价值 − 非核心资产价值 + 现金 = 债务 − 少数股东权益 + 归属于母公司股东的股权价值

B. 企业价值 + 非核心资产价值 + 现金 = 债务 + 少数股东权益 − 归属于母公司股东的股权价值

C. 企业价值 + 非核心资产价值 + 现金 = 债务 + 少数股东权益 + 归属于母公司股东的股权价值

D. 企业价值 + 非核心资产价值 − 现金 = 债务 + 少数股东权益 − 归属于母公司股东的股权价值

答案：C

知识点：企业价值与股权价值；见教材第五章第三节 P91。

21. 将企业的主要财务指标乘以倍数，从而获得对企业股权价值的估值参考结果的估值法是（   ）。

A. 相对估值法

B. 贴现现金流法

C. 清算价值法

D. 成本法

答案：A

知识点：相对估值法的基本原理与主要方法；见教材第五章第三节 P93。

22. 下列关于企业估值方法的说法中错误的是（   ）。

A. 相对估值法使用可比价值对目标公司进行价值评估，在创业投资基金和并购基金中大量使用

B. 折现现金流估值法主要适用于目标公司现金流稳定、未来可预测性较高的情形

C. 创业投资估值法主要用于处于创业早期企业的估值

D. 成本法主要作为一种辅助方法存在，主要原因是企业历史成本与未来价值有一定联系

答案：D

知识点：相对估值法的基本原理与主要方法；见教材第五章第三节 P92 ~ P93。

23. 相对估值法的计算公式为（　　）。

A. 目标公司价值 = 目标公司某种指标 ×（可比公司价值 × 可比公司某种指标）

B. 目标公司价值 = 目标公司某种指标 ×（可比公司价值 + 可比公司某种指标）

C. 目标公司价值 = 目标公司某种指标 ×（可比公司价值 - 可比公司某种指标）

D. 目标公司价值 = 目标公司某种指标 ×（可比公司价值 / 可比公司某种指标）

答案：D

知识点：相对估值法的基本原理与主要方法；见教材第五章第三节 P93。

24. 相对估值法中，在计算可比公司倍数的平均值或中位数时，不需要剔除的是（　　）。

A. 正值

B. 负值

C. 非正常大值

D. 非正常小值

答案：A

知识点：相对估值法的基本原理与主要方法；见教材第五章第三节 P93。

25. 市盈率倍数等于（　　）。

A. 企业股权价值与息税折旧摊销前收益（EBITDA）的比值

B. 企业股权价值与净利润的比值

C. 企业股权价值与股东权益账面价值的比值

D. 企业股权价值与年销售收入的比值

答案：B

知识点：市盈率倍数、企业价值/息税前利润倍数、企业价值/息税折旧摊销前利润倍数、市净率倍数、市销率倍数的概念与基本内容及适用范围；见教材第五章第三节 P94。

26. 若使用历史数据计算市盈率，应尽可能使用最新公开的信息，通常会使用最近（　　）的数据。

A. 六个月

B. 十二个月

C. 一个完整会计年度

D. 预测年度

答案：B

知识点：市盈率倍数、企业价值/息税前利润倍数、企业价值/息税折旧摊销前利润倍数、市净率倍数、市销率倍数的概念与基本内容及适用范围；见教材第五章第三节 P94。

27. 某股权投资基金拟投资 A 公司，A 公司的管理层承诺投资当年的净利润为 1.2 亿元，按投资当年的净利润的 10 倍市盈率进行投资后估值，则 A 公司的估值为（   ）亿元。

A. 1.2

B. 12

C. 120

D. 1200

答案：B

知识点：市盈率倍数、企业价值/息税前利润倍数、企业价值/息税折旧摊销前利润倍数、市净率倍数、市销率倍数的概念与基本内容及适用范围；见教材第五章第三节 P94。

28. 息税前利润（Earnings Before Interest and Tax，EBIT）是在扣除（   ）利息之前的利润，所有出资人（股东和债权人）对息税前利润都享有分配权。

A. 股东

B. 债权人

C. 所有出资人

D. 债券

答案：B

知识点：市盈率倍数、企业价值/息税前利润倍数、企业价值/息税折旧摊销前利润倍数、市净率倍数、市销率倍数的概念与基本内容及适用范围；见教材第五章第三节 P94。

29. 税前利润对应的价值是（   ）。

A. 企业价值

B. 市场价值

C. 股权价值

D. 理论价值

答案：A

知识点：市盈率倍数、企业价值/息税前利润倍数、企业价值/息税折旧摊销前利润倍数、市净率倍数、市销率倍数的概念与基本内容及适用范围；见教材第五章第三节 P95。

30. 息税前利润的计算公式为（ ）。

A. 息税前利润（EBIT）＝净利润－所得税＋利息

B. 息税前利润（EBIT）＝净利润－所得税－利息

C. 息税前利润（EBIT）＝净利润＋所得税－利息

D. 息税前利润（EBIT）＝净利润＋所得税＋利息

答案：D

知识点：市盈率倍数、企业价值/息税前利润倍数、企业价值/息税折旧摊销前利润倍数、市净率倍数、市销率倍数的概念与基本内容及适用范围；见教材第五章第三节 P95。

31. 市盈率倍数法是以（ ）指标作为估值基础。

A. 成本

B. 盈利

C. 利润

D. 净利润

答案：C

知识点：市盈率倍数、企业价值/息税前利润倍数、企业价值/息税折旧摊销前利润倍数、市净率倍数、市销率倍数的概念与基本内容及适用范围；见教材第五章第三节 P95。

32. 某股权投资基金拟投资 A 公司，A 公司的管理层承诺投资当年的净利润为 1.2 亿元，按投资当年的净利润的 10 倍市盈率进行投资后估值，如果 A 公司按照息税前利润的 6 倍进行估值，所得税税率为 25%，利息每年 2000 万元，则 A 公司的价值是（ ）亿元。

A. 1.8

B. 10.8

C. 18

D. 108

答案：B

知识点：市盈率倍数、企业价值/息税前利润倍数、企业价值/息税折旧摊销前利润倍数、市净率倍数、市销率倍数的概念与基本内容及适用范围；见教材第五章第三节 P95。

33. 息税折旧摊销前利润（EBITDA）等于（ ）。

A. 息税折旧摊销前利润（EBITDA）＝息税前利润（EBIT）＋折旧＋摊销企业价值

B. 息税折旧摊销前利润（EBITDA）＝息税前利润（EBIT）＋折旧－摊销企业价值

C. 息税折旧摊销前利润（EBITDA）＝息税前利润（EBIT）－折旧－摊销企业价值

D. 息税折旧摊销前利润（EBITDA）= 息税前利润（EBIT）- 折旧 + 摊销企业价值

答案：A

知识点：市盈率倍数、企业价值/息税前利润倍数、企业价值/息税折旧摊销前利润倍数、市净率倍数、市销率倍数的概念与基本内容及适用范围；见教材第五章第三节 P95。

34. 对于折旧摊销影响比较大的企业（如重资产企业），比较适合用（　　　）。

A. 市净率倍数

B. 市销率倍数

C. 企业价值/息税前利润倍数

D. 企业价值/息税折旧摊销前利润倍数法

答案：D

知识点：市盈率倍数、企业价值/息税前利润倍数、企业价值/息税折旧摊销前利润倍数、市净率倍数、市销率倍数的概念与基本内容及适用范围；见教材第五章第三节 P95。

35. 市净率倍数等于（　　　）。

A. 企业股权价值与息税折旧摊销前收益（EBITDA）的比值

B. 企业股权价值与净利润的比值

C. 企业股权价值与净资产的比值

D. 企业股权价值与年销售收入的比值

答案：C

知识点：市盈率倍数、企业价值/息税前利润倍数、企业价值/息税折旧摊销前利润倍数、市净率倍数、市销率倍数的概念与基本内容及适用范围；见教材第五章第三节 P96。

36. 银行业的估值通常会用（　　　）。

A. 市净率倍数

B. 市销率倍数

C. 企业价值/息税前利润倍数

D. 企业价值/息税折旧摊销前利润倍数法

答案：A

知识点：市盈率倍数、企业价值/息税前利润倍数、企业价值/息税折旧摊销前利润倍数、市净率倍数、市销率倍数的概念与基本内容及适用范围；见教材第五章第三节 P96。

37. 某股权投资基金拟投资 B 资产管理公司 30 亿元。截至完成投资的时点，B 公司的净资产为 120 亿元，按投资基准时点的 2.5 倍市净率进行投资后估值，则 B 公司的估值为（　　）亿元。

A. 10

B. 30

C. 300

D. 1440

答案：C

知识点：市盈率倍数、企业价值/息税前利润倍数、企业价值/息税折旧摊销前利润倍数、市净率倍数、市销率倍数的概念与基本内容及适用范围；见教材第五章第三节 P96。

38. 市销率倍数等于（　　）。

A. 企业股权价值与息税折旧摊销前收益（EBITDA）的比值

B. 企业股权价值与净利润的比值

C. 企业股权价值与股东权益账面价值的比值

D. 企业股权价值与年销售收入的比值

答案：D

知识点：市盈率倍数、企业价值/息税前利润倍数、企业价值/息税折旧摊销前利润倍数、市净率倍数、市销率倍数的概念与基本内容及适用范围；见教材第五章第三节 P96。

39. 销售成本率较稳定的收入驱动型企业适用于（　　）。

A. 市净率倍数

B. 市销率倍数

C. 企业价值／息税前利润倍数

D. 企业价值／息税折旧摊销前利润倍数法

答案：B

知识点：市盈率倍数、企业价值/息税前利润倍数、企业价值/息税折旧摊销前利润倍数、市净率倍数、市销率倍数的概念与基本内容及适用范围；见教材第五章第三节 P97。

40. 2017 年 3 月，某股权投资基金拟投资 C 公司，C 公司是一家主营坚果销售的电子商务公司，于 2013 年 2 月成立。自成立以来，销售额以 40% 的年均增长率增长，成立当年销售额为 1 亿元（实际 10 个月产生现金收入）。按行业平均市销率 2 倍进行估值，则 C 公司估值为（　　）亿元。

A. 1.68

B. 2.35

C. 3.29

D. 4.88

答案：D

知识点：市盈率倍数、企业价值/息税前利润倍数、企业价值/息税折旧摊销前利润倍数、市净率倍数、市销率倍数的概念与基本内容及适用范围；见教材第五章第三节 P97。

41. 在折现现金流法计算目标企业价值的公式为 $V = \sum_{i=1}^{n} \frac{CF_i}{(1+i)^t} + \frac{TV}{(1+i)^n}$，其中 TV 为（　　）。

A. 预测价值

B. 目标企业价值

C. 终值

D. 现值

答案：C

知识点：折现现金流估值法的概念与基本内容；见教材第五章第三节 P98。

42. 终值倍数法假设在详细预测期（　　　）将目标公司出售，出售时的价格即为终值。

A. 第一期的期初

B. 第一期的期末

C. 最后一期的期初

D. 最后一期的期末

答案：D

知识点：折现现金流估值法的基本原理与估值步骤；见教材第五章第三节 P99。

43. 股权自由现金流的计算公式为（　　　）。

A. 股权自由现金流（FCFE）＝净利润（E）＋折旧－摊销－营运资金的增加＋长期经营性负债的增加－长期经营性资产的增加－资本性支出＋新增付息债务－债务本金的偿还

B. 股权自由现金流（FCFE）＝净利润（E）＋折旧＋摊销－营运资金的增加＋长期经营性负债的增加－长期经营性资产的增加－资本性支出＋新增付息债务－债务本金的偿还

C. 股权自由现金流（FCFE）＝净利润（E）＋折旧＋摊销－营运资金的增加＋长期经营性负债的增加－长期经营性资产的增加－资本性支出－新增付息债务－债务本金的偿还

D. 股权自由现金流（FCFE）＝净利润（E）＋折旧－摊销－营运资金的增加＋长期经营性负债的增加－长期经营性资产的增加－资本性支出－新增付息债务－债务本金

的偿还

答案：B

知识点：股权自由现金流折现模型的估值步骤；见教材第五章第三节 P100。

44. 企业自由现金流的计算公式为（　　　）。

A. 企业自由现金流（FCFF）＝息税前利润（EBIT）－调整的所得税＋折旧＋摊销－营运资金的增加＋长期经营性负债的增加－长期经营性资产的增加－资本性支出

B. 企业自由现金流（FCFF）＝息税前利润（EBIT）－调整的所得税＋折旧－摊销－营运资金的增加＋长期经营性负债的增加＋长期经营性资产的增加－资本性支出

C. 企业自由现金流（FCFF）＝息税前利润（EBIT）－调整的所得税＋折旧－摊销－营运资金的增加＋长期经营性负债的增加－长期经营性资产的增加－资本性支出

D. 企业自由现金流（FCFF）＝息税前利润（EBIT）－调整的所得税＋折旧＋摊销－营运资金的增加＋长期经营性负债的增加＋长期经营性资产的增加－资本性支出

答案：A

知识点：企业自由现金流折现模型的估值步骤；见教材第五章第三节 P100。

45. 加权平均资本成本（WACC）是企业各种融资来源的资本成本的加权平均值，计算公式为

$$WACC = \frac{D}{D+E} \times K_d \times (1-t) + \frac{D}{D+E} \times K_e$$，其中 E 代表（　　　）。

A. 附息债券的市场价值

B. 股权的市场价值

C. 税前债务成本

D. 股权资本成本

答案：B

知识点：企业自由现金流折现模型的估值步骤；见教材第五章第三节 P100。

46. 如果股权投资基金拟投资的目标公司处于创业早期，利润和现金流均为负数，未来回报很高，但存在高度不确定性，此时，会用（　　　）。

A. 相对估值法

B. 折现现金流法

C. 创业投资估值法

D. 清算价值法

答案：C

知识点：创业投资估值法的概念与基本原理；见教材第五章第三节 P103。

47. 公司总资产减去总负债后的净值即为公司的（　　　）。

A. 账面价值

B. 市场价值

C. 公允价值

D. 股权价值

答案：A

知识点：重置成本法的概念与基本内容；见教材第五章第三节 P104。

48. 某股权投资基金所投资的企业 F 公司由于经营不善，已经进入破产清算程序，该股权投资基金所占的企业股权比例为 20%，企业账面资产总值 10 亿元，负债、利息和破产费用合计 8.5 亿元，实收资本 4 亿元，累计亏损 2 亿元。经法院拍卖资产，资产变现总值为 10.8 亿元，则该股权投资基金股权估值为（　　）亿元。

A. 0.9

B. 0.85

C. 0.59

D. 0.46

答案：D

知识点：清算价值法的概念与基本内容；见教材第五章第三节 P106。

49. 清算价值法的主要方法是，假设企业破产和公司解散时，将企业拆分为可出售的几个业务或资产包，并分别估算这些业务或资产包的（　　），加总后作为企业估值的参考标准。

A. 账面价值

B. 公允价值

C. 变现价值

D. 清算价值

答案：C

知识点：清算价值法的概念与基本内容；见教材第五章第三节 P105。

50. 对于股权投资机构而言，在企业正常可持续经营的情况下，（　　）采用清算价值法。

A. 偶尔

B. 辅助

C. 不会

D. 一定

答案：C

知识点：清算价值法的概念与基本内容；见教材第五章第三节 P106。

51. 估值条款通常同时会约定股权投资基金的（　　）。

A. 投资方式

B. 投资比例

C. 投资金额

D. 盈利方式

答案：A

知识点：估值条款的概念与基本内容；见教材第五章第四节 P108。

52. 并购基金更多采用（　　）工具，以受让目标公司原有股权方式进行投资。

A. 可转换优先股

B. 可转换债券

C. 可交换债券

D. 普通股

答案：D

知识点：估值条款的概念与基本内容；见教材第五章第四节 P108。

53. 股权投资基金对目标公司的估值主要依据企业当时的（　　）的预测，由于信息的不确定性，这种估值存在一定的风险。

A. 经营目标以及现在经营业绩

B. 经营业绩以及未来经营业绩

C. 经营业绩以及未来经营目标

D. 经营目标以及未来经营目标

答案：B

知识点：估值调整条款的概念与基本内容；见教材第五章第四节 P108。

54. 触发"回售权"条件具备后，投资人可以要求目标公司（　　）按协议约定的价格回购投资人的全部或部分股份。

A. 董事会或董事会指定的其他相关利益方

B. 投资方或投资方指定的其他相关利益方

C. 创始股东或创始股东指定的其他相关利益方

D. 股东或股东指定的其他相关利益方

答案：C

知识点：回售权条款的概念与基本内容；见教材第五章第四节 P115。

55. 本质上是一种价格保护机制，适用于后轮融资为降价融资（Down Round）时，用于保护前轮投资者利益的是（　　）。

A. 估值条款

B. 估值调整条款

C. 回售权条款

D. 反摊薄条款

答案：D

知识点：反摊薄条款的概念与基本内容；见教材第五章第四节 P112。

56. 董事会席位条款的实质是对被投资企业的（　　）进行约定。

A. 股权分配

B. 股利分配

C. 控制权分配

D. 盈利模式

答案：C

知识点：董事会席位条款的概念与基本内容；见教材第五章第四节 P114。

57. 股权投资基金为保护自身利益而设置的要求目标公司在执行某些可能损害投资者利益或对投资者利益有重大影响的行为时，需取得投资者同意的条款的是（　　）。

A. 反摊薄条款

B. 保护性条款

C. 优先认购条款

D. 排他条款

答案：B

知识点：保护性条款的概念与基本内容；见教材第五章第四节 P113。

58. 在投资协议中，股权投资基金为了确保目标公司的良好发展和利益，要求目标公司通过保密协议或其他方式，确保其董事或其他高管不得兼职与本公司业务有竞争的职位，同时，在离职后一段时期内，不得加入与本公司有竞争关系的公司或从事与本公司有竞争关系的业务的是（　　）。

A. 反摊薄条款

B. 保护性条款

C. 优先认购条款

D. 竞业禁止条款

答案：D

知识点：竞业禁止条款的概念与基本内容；见教材第五章第四节 P117。

59. 下列关于优先认购权的说法中，错误的是（　　）。

A. 优先认购权是指目标公司未来发行新的股份或者可转换债券时，股权投资基金将按出资比例获得同等条件下的优先认购权利

B. 优先认购权使股权投资基金可以在未来公司增加发行股份时，保护其股权比例不被稀释

C. 投资协议会额外约定，优先认购权不适用上市而进行的首次公开发行（IPO）、为建立员工持股计划而增加的股份发行、为履行银行债转股协议而增加的股份发行等

D. 优先认购权不适用于目标公司发行按照董事会批准的员工期权计划发行的股权

或股份

答案：A

知识点：优先认购权条款的概念与基本内容；见教材第五章第四节 P110。

60. 目标公司的其他股东欲对外出售股权时，作为老股东的股权投资基金在同等条件下有优先购买权的是（　　）。

A. 反摊薄条款

B. 保护性条款

C. 优先认购条款

D. 第一拒绝权条款

答案：D

知识点：第一拒绝权条款的概念与基本内容；见教材第五章第四节 P111。

61. 随售权条款通常与（　　）同时出现。

A. 反摊薄条款

B. 保护性条款

C. 优先认购条款

D. 第一拒绝权条款

答案：D

知识点：第一拒绝权条款的概念与基本内容；见教材第五章第四节 P111。

62. （　　）是指如果有第三方向股权投资基金发出股权收购要约，且股权投资基金接受该要约，则其有权要求其他股东一起按照相同的出售条件和价格向该第三方转让股权。

A. 拖售权条款

B. 保护性条款

C. 优先认购条款

D. 第一拒绝权条款

答案：A

知识点：拖售权条款的概念与基本内容；见教材第五章第四节 P116。

二、组合型单项选择题（以下各小题所给出的 4 个选项中，只有 1 项最符合题目要求，请将正确选项的代码填入括号内，不填、错填、漏填均不得分）

1. 一个完整的股权投资基金投资流程顺序为（　　）。

Ⅰ. 项目开发与筛选、初步尽职调查

Ⅱ. 项目立项、签署投资备忘录

Ⅲ. 尽职调查、投资决策

Ⅳ. 签署投资协议、投资后管理

A. Ⅰ、Ⅱ、Ⅲ、Ⅳ

B. Ⅱ、Ⅲ、Ⅳ、Ⅰ

C. Ⅰ、Ⅱ、Ⅳ、Ⅲ

D. Ⅰ、Ⅳ、Ⅱ、Ⅲ

答案：A

知识点：股权投资基金一般流程包含的内容；见教材第五章第一节 P75。

2. 股权投资基金的项目主要来源有（　　）。

Ⅰ. 行业展会、创业计划大赛、创投论坛等

Ⅱ. 政府机构推荐

Ⅲ. 中介机构推荐：包括律师、会计师、证券公司、商业银行、财务顾问等

Ⅳ. 跟踪和研究国内外新技术的发展趋势以及资本市场的动态，通过资料调研、项目库推荐、访问企业等方式寻找项目信息

A. Ⅰ、Ⅳ

B. Ⅱ、Ⅲ、Ⅳ

C. Ⅰ、Ⅲ、Ⅳ

D. Ⅰ、Ⅱ、Ⅲ、Ⅳ

答案：D

知识点：项目开发与筛选的概念与基本内容；见教材第五章第一节 P76。

3. 初步尽职调查阶段，主要从以下（　　）方面对目标公司进行初步价值判断。

Ⅰ. 盈利模式

Ⅱ. 管理团队

Ⅲ. 行业进入壁垒、行业集中度、市场占有率和主要竞争对手

Ⅳ. 商业模式、发展及盈利预期、政策与监管环境

A. Ⅱ、Ⅲ、Ⅳ

B. Ⅰ、Ⅱ、Ⅲ、Ⅳ

C. Ⅰ、Ⅳ

D. Ⅰ、Ⅱ、Ⅲ

答案：A

知识点：项目初步尽职调查的概念与基本内容；见教材第五章第一节 P76。

4. 投资框架协议的内容一般包括（　　）。

Ⅰ. 投资达成的条件

Ⅱ. 投资方建议的排他性条件

Ⅲ. 投资方建议的主要投资条款

Ⅳ. 投资方建议的保密条款

A. Ⅱ、Ⅲ、Ⅳ

B. Ⅰ、Ⅱ、Ⅲ、Ⅳ

C. Ⅰ、Ⅳ

D. Ⅰ、Ⅱ、Ⅲ

答案：B

知识点：投资框架协议、投资协议的基本内容；见教材第五章第一节 P77。

5. 尽职调查完成后，投资经理或项目小组应向投资决策委员会提交（　　），由投资决策委员会进行最终投资决策。

Ⅰ. 尽职调查报告

Ⅱ. 投资协议书

Ⅲ. 投资建议书

Ⅳ. 其他文件资料

A. Ⅱ、Ⅲ、Ⅳ

B. Ⅰ、Ⅲ、Ⅳ

C. Ⅰ、Ⅱ、Ⅳ

D. Ⅰ、Ⅱ、Ⅲ

答案：B

知识点：投资决策的一般流程，决策程序的基本内容；见教材第五章第一节 P78。

6. 尽职调查的作用是（　　）。

Ⅰ. 价值发现

Ⅱ. 风险发现

Ⅲ. 投资决策辅助

Ⅳ. 价格发现

A. Ⅱ、Ⅲ、Ⅳ

B. Ⅰ、Ⅱ、Ⅲ

C. Ⅰ、Ⅱ、Ⅳ

D. Ⅰ、Ⅲ

答案：B

知识点：尽职调查的概念、目的和作用；见教材第五章第二节 P79。

7. 股权投资管理机构通过尽职调查获得的信息，对（　　）等方面进行评估，并结合股权投资基金的投资偏好，判断目标公司是否值得投资。

Ⅰ. 目标公司市场

Ⅱ. 产品与服务

Ⅲ. 商业模式

Ⅳ. 管理团队

A. Ⅱ、Ⅲ、Ⅳ

B. Ⅰ、Ⅱ、Ⅲ

C. Ⅰ、Ⅱ、Ⅲ、Ⅳ

D. Ⅰ、Ⅲ、Ⅳ

答案：C

知识点：尽职调查的概念、目的和作用；见教材第五章第二节 P79。

8. 基金管理人需要收集充分的信息，全面识别投资风险、评估风险大小并提出风险应对的方案。这需要对（　　）进行考察。

Ⅰ. 企业经营风险

Ⅱ. 产品与服务

Ⅲ. 或然债务

Ⅳ. 股权瑕疵

A. Ⅱ、Ⅲ、Ⅳ

B. Ⅰ、Ⅱ、Ⅲ

C. Ⅰ、Ⅱ、Ⅲ、Ⅳ

D. Ⅰ、Ⅲ、Ⅳ

答案：D

知识点：尽职调查的概念、目的和作用；见教材第五章第二节 P80。

9. 投资决策辅助主要包括以下（　　）方面。

Ⅰ. 投资协议谈判策略

Ⅱ. 投资后管理的重点

Ⅲ. 评估项目退出的方式

Ⅳ. 评估项目退出的可行性

A. Ⅱ、Ⅲ、Ⅳ

B. Ⅰ、Ⅱ、Ⅲ

C. Ⅰ、Ⅱ、Ⅲ、Ⅳ

D. Ⅰ、Ⅲ、Ⅳ

答案：C

知识点：尽职调查的概念、目的和作用；见教材第五章第二节 P80。

10. 投资协议通常包括（　　）等条款。

Ⅰ. 估值条款

Ⅱ. 估值调整条款

Ⅲ. 回售权条款

Ⅳ. 保护性条款

A. Ⅱ、Ⅲ、Ⅳ

B. Ⅰ、Ⅱ、Ⅲ

C. Ⅰ、Ⅱ、Ⅲ、Ⅳ

D. Ⅰ、Ⅲ、Ⅳ

答案：C

知识点：尽职调查的概念、目的和作用；见教材第五章第二节 P80。

11. 尽职调查的内容分为（　　）。

Ⅰ. 业务尽职调查

Ⅱ. 管理尽职调查

Ⅲ. 财务尽职调查

Ⅳ. 法律尽职调查

A. Ⅱ、Ⅲ、Ⅳ

B. Ⅰ、Ⅱ、Ⅲ

C. Ⅰ、Ⅱ、Ⅳ

D. Ⅰ、Ⅲ、Ⅳ

答案：D

知识点：业务尽职调查的概念与重点关注的内容；见教材第五章第二节 P80。

12. 业务尽职调查涵盖了企业商业运作中涉及的各种事项，包括（　　）等问题。

Ⅰ. 企业基本情况

Ⅱ. 管理团队

Ⅲ. 市场分析

Ⅳ. 风险分析

A. Ⅱ、Ⅲ、Ⅳ

B. Ⅰ、Ⅱ、Ⅲ

C. Ⅰ、Ⅱ、Ⅳ

D. Ⅰ、Ⅱ、Ⅲ、Ⅳ

答案：D

知识点：业务尽职调查的概念与重点关注的内容；见教材第五章第二节 P81。

13. 对于处于相对较早发展阶段的创业企业，业务尽职调查的重点是（　　）。

Ⅰ. 融资运用

Ⅱ. 管理团队

Ⅲ. 市场分析

Ⅳ. 产品服务

A. Ⅱ、Ⅲ、Ⅳ

B. Ⅰ、Ⅱ、Ⅲ

C. Ⅱ、Ⅳ

D. Ⅰ、Ⅱ、Ⅲ、Ⅳ

答案：C

知识点：业务尽职调查的概念与重点关注的内容；见教材第五章第二节 P81～P82。

14. 财务尽职调查涵盖企业的（　　）等内容。

Ⅰ. 历史经营业绩

Ⅱ. 未来盈利预测

Ⅲ. 市场分析

Ⅳ. 财务风险敏感度分析

A. Ⅰ、Ⅱ、Ⅳ

B. Ⅰ、Ⅱ、Ⅲ

C. Ⅲ、Ⅳ

D. Ⅰ、Ⅱ、Ⅲ、Ⅳ

答案：A

知识点：财务尽职调查的概念与重点关注的内容；见教材第五章第二节 P82。

15. 下列关于财务尽职调查的说法中，正确的是（　　）。

Ⅰ. 在股权投资基金投资运作流程中，财务尽职调查是投资及整合方案设计、交易谈判、投资决策不可或缺的前提

Ⅱ. 财务尽职调查是判断投资是否符合战略目标及投资原则的前提

Ⅲ. 它对了解目标公司资产负债、内部控制、经营管理的真实情况，充分揭示其财务风险，分析盈利能力、现金流，预测目标公司未来前景起到重大作用

Ⅳ. 财务尽职调查重点关注目标公司的历史财务业绩情况，并对企业未来财务状况进行合理预测

A. Ⅰ、Ⅱ、Ⅳ

B. Ⅰ、Ⅱ、Ⅲ

C. Ⅰ、Ⅲ、Ⅳ

D. Ⅱ、Ⅲ、Ⅳ

答案：C

知识点：财务尽职调查的概念与重点关注的内容；见教材第五章第二节 P82。

16. 财务尽职调查需要重点关注（　　）方面。

Ⅰ. 会计政策与会计估计

Ⅱ. 财务报告及相关财务资料

Ⅲ. 财务比率分析

Ⅳ. 纳税分析

A. Ⅰ、Ⅱ、Ⅳ

B. Ⅰ、Ⅱ、Ⅲ

C. Ⅰ、Ⅱ、Ⅲ、Ⅳ

D. Ⅱ、Ⅲ、Ⅳ

答案：C

知识点：财务尽职调查的概念与重点关注的内容；见教材第五章第二节 P82。

17. 财务比率分析可以分为（　　）。

Ⅰ. 盈利能力分析

Ⅱ. 偿债能力分析

Ⅲ. 运营能力分析

Ⅳ. 综合能力分析

A. Ⅰ、Ⅱ、Ⅳ

B. Ⅰ、Ⅱ、Ⅲ

C. Ⅰ、Ⅲ、Ⅳ

D. Ⅰ、Ⅱ、Ⅲ、Ⅳ

答案：D

知识点：财务尽职调查的概念与重点关注的内容；见教材第五章第二节 P83。

18. 法律尽职调查更多的是定位于风险发现，其内容主要有（　　）。

Ⅰ. 充分了解目标企业的组织结构、资产和业务的产权状况和法律状态，确认企业产权、业务资质以及其控股结构的合法合规

Ⅱ. 出具法律意见并将之作为准备交易文件的重要依据

Ⅲ. 了解过去及现在企业创造价值的机制

Ⅳ. 从合规角度核查目标公司所提供文件资料的真实性、准确性和完整性

A. Ⅰ、Ⅱ、Ⅲ、Ⅳ

B. Ⅰ、Ⅱ、Ⅲ

C. Ⅰ、Ⅱ、Ⅳ

D. Ⅱ、Ⅲ、Ⅳ

答案：C

知识点：法律尽职调查的概念与重点关注的内容；见教材第五章第二节 P84。

19. 法律尽职调查关注的重点问题包括（　　）等。

Ⅰ. 历史沿革问题

Ⅱ. 主要股东情况

Ⅲ. 客户、供应商和竞争对手

Ⅳ. 税收及政府优惠政策

A. Ⅱ、Ⅲ、Ⅳ

B. Ⅰ、Ⅱ、Ⅲ、Ⅳ

C. Ⅰ、Ⅱ、Ⅳ

D. Ⅰ、Ⅱ、Ⅲ

答案：C

知识点：法律尽职调查的概念与重点关注的内容；见教材第五章第二节 P84。

20. 下列关于尽职调查的基本程序与工作方法的表述中，正确的是（　　）。

Ⅰ. 计划制订与团队组建

Ⅱ. 企业现场调研

Ⅲ. 二手资料收集与研读

Ⅳ. 撰写尽职调查报告

Ⅴ. 进行内部复核

A. Ⅰ、Ⅱ、Ⅲ、Ⅳ、Ⅴ

B. Ⅰ、Ⅲ、Ⅱ、Ⅳ、Ⅴ

C. Ⅱ、Ⅰ、Ⅳ、Ⅲ、Ⅴ

D. Ⅲ、Ⅰ、Ⅱ、Ⅳ、Ⅴ

答案：B

知识点：尽职调查的方法；见教材第五章第二节 P85。

21. 一份详尽的尽职调查工作计划通常包括（　　）。

Ⅰ. 尽职调查对象

Ⅱ. 尽职调查内容与方法

Ⅲ. 尽职调查项目组人员组成

Ⅳ. 尽职调查的配套安排

A. Ⅱ、Ⅲ、Ⅳ

B. Ⅰ、Ⅱ、Ⅲ、Ⅳ

C. Ⅰ、Ⅱ、Ⅳ

D. Ⅰ、Ⅱ、Ⅲ

答案：B

知识点：尽职调查的方法；见教材第五章第二节 P86。

22. 二手资料收集的正确步骤是（　　）。

Ⅰ. 资料筛选

Ⅱ. 辨别所需的信息

Ⅲ. 寻找信息源

Ⅳ. 收集二手资料

Ⅴ. 资料整理

A. Ⅰ、Ⅱ、Ⅳ、Ⅲ、Ⅴ

B. Ⅳ、Ⅰ、Ⅲ、Ⅱ、Ⅴ

C. Ⅱ、Ⅲ、Ⅳ、Ⅰ、Ⅴ

D. Ⅱ、Ⅰ、Ⅲ、Ⅴ、Ⅳ

答案：C

知识点：尽职调查的方法；见教材第五章第二节 P86。

23. 二手资料收集的途径主要有（　　）。

Ⅰ. 通过查看企业的内部资料获取

Ⅱ. 通过网络获取

Ⅲ. 通过行业协会和商会获取

Ⅳ. 通过各类会议获取

A. Ⅰ、Ⅱ、Ⅲ、Ⅳ

B. Ⅱ、Ⅲ、Ⅳ

C. Ⅰ、Ⅱ、Ⅳ

D. Ⅰ、Ⅱ、Ⅲ

答案：A

知识点：尽职调查的方法；见教材第五章第二节 P86。

24. 股权投资基金与目标公司管理层、员工的内部访谈可达到（　　）目的。

Ⅰ. 与管理层会谈可以全面了解目标公司的信息，尤其是某些比较关键、敏感的信息

Ⅱ. 与管理层进行沟通还可以增进了解、增强信任

Ⅲ. 与各层级、各职能员工进行沟通可以间接考察管理层的素质

Ⅳ. 与各层级、各职能员工的访谈，可以获取企业各个环节的信息，有助于股权投资机构从各个断面窥测企业全貌，并对信息的真实性进行考证

A. Ⅰ、Ⅱ、Ⅲ、Ⅳ

B. Ⅱ、Ⅲ、Ⅳ

C. Ⅰ、Ⅱ、Ⅳ

D. Ⅰ、Ⅱ、Ⅲ

答案：C

知识点：尽职调查的方法；见教材第五章第二节 P87。

25. 企业估值特点有（　　）。

Ⅰ. 整体不是各部分的简单相加

Ⅱ. 整体价值来源于要素的结合方式

Ⅲ. 部分只有在整体中才能体现出其价值

Ⅳ. 整体价值不只有在运行中才能体现出来

A. Ⅰ、Ⅱ、Ⅲ

B. Ⅰ、Ⅱ、Ⅲ、Ⅳ

C. Ⅱ、Ⅳ

D. Ⅰ、Ⅲ、Ⅳ

答案：A

知识点：企业估值的特点；见教材第五章第三节 P91～P92。

26. 常用企业估值方法通常包括（　　）。

Ⅰ. 相对估值法

Ⅱ. 折现现金流法

Ⅲ. 成本法

Ⅳ. 清算价值法

A. Ⅰ、Ⅱ、Ⅲ

B. Ⅰ、Ⅱ、Ⅲ、Ⅳ

C. Ⅱ、Ⅳ

D. Ⅰ、Ⅲ、Ⅳ

答案：B

知识点：相对估值法的基本原理与主要方法；见教材第五章第三节 P92。

27. 股权投资行业主要用到的估值方法有（　　）。

Ⅰ. 相对估值法

Ⅱ. 成本法

Ⅲ. 经济增加值法

Ⅳ. 折现现金流法

A. Ⅰ、Ⅳ

B. Ⅱ、Ⅲ

C. Ⅱ、Ⅳ

D. Ⅰ、Ⅲ

答案：A

知识点：相对估值法的基本原理与主要方法；见教材第五章第三节 P92。

28. 清算价值法常见于（　　）。

Ⅰ. 杠杆收购

Ⅱ. 并购基金

Ⅲ. 创业投资基金

Ⅳ. 破产投资策略

A. Ⅰ、Ⅲ

B. Ⅱ、Ⅲ

C. Ⅱ、Ⅳ

D. Ⅰ、Ⅳ

答案：D

知识点：相对估值法的基本原理与主要方法；见教材第五章第三节 P92。

29. 相对估值法常用的倍数包括（　　）。

Ⅰ. 市盈率倍数

Ⅱ. 市净率倍数

Ⅲ. 市现率倍数

Ⅳ. 企业价值／息税前利润倍数

A. Ⅰ、Ⅱ、Ⅲ

B. Ⅱ、Ⅲ、Ⅳ

C. Ⅰ、Ⅱ、Ⅳ

D. Ⅰ、Ⅱ、Ⅲ、Ⅳ

答案：D

知识点：市盈率倍数、企业价值/息税前利润倍数、企业价值/息税折旧摊销前利润倍数、市净率倍数、市销率倍数的概念与基本内容及适用范围；见教材第五章第三节 P93。

30. 可比公司是指与目标公司（　　）等方面相同或相近的公司。

Ⅰ. 所处的行业

Ⅱ. 盈利模式

Ⅲ. 公司规模

Ⅳ. 资本结构

A. Ⅰ、Ⅱ、Ⅲ

B. Ⅱ、Ⅲ、Ⅳ

C. Ⅰ、Ⅱ、Ⅳ

D. Ⅰ、Ⅲ、Ⅳ

答案：D

知识点：市盈率倍数、企业价值/息税前利润倍数、企业价值/息税折旧摊销前利润倍数、市净率倍数、市销率倍数的概念与基本内容及适用范围；见教材第五章第三节 P93。

31. 正确的相对估值法的估值步骤是（ ）。

Ⅰ. 将可比公司分为两类：最可比公司和次可比公司

Ⅱ. 计算目标公司的企业价值或者股权价值用前面计算得到的可比倍数乘以目标公司对应的价值指标，计算出目标公司的股权价值或企业价值

Ⅲ. 选取可比公司

Ⅳ. 计算适用于目标公司的可比倍数，通常选取若干可比公司，用其可比倍数的平均值或者中位数作为目标公司

A. Ⅰ、Ⅱ、Ⅲ、Ⅳ

B. Ⅲ、Ⅰ、Ⅳ、Ⅱ

C. Ⅰ、Ⅲ、Ⅱ、Ⅳ

D. Ⅲ、Ⅱ、Ⅰ、Ⅳ

答案：B

知识点：市盈率倍数、企业价值/息税前利润倍数、企业价值/息税折旧摊销前利润倍数、市净率倍数、市销率倍数的概念与基本内容及适用范围；见教材第五章第三节 P93。

32. 相对估值法具有（ ）优点。

Ⅰ. 运用简单，易于理解

Ⅱ. 主观因素相对较少

Ⅲ. 行业因素影响较小

Ⅳ. 可以及时反映市场看法的变化

A. Ⅰ、Ⅱ、Ⅲ

B. Ⅰ、Ⅱ、Ⅲ、Ⅳ

C. Ⅰ、Ⅱ、Ⅳ

D. Ⅰ、Ⅲ、Ⅳ

答案：C

知识点：市盈率倍数、企业价值/息税前利润倍数、企业价值/息税折旧摊销前利润倍数、市净率倍数、市销率倍数的概念与基本内容及适用范围；见教材第五章第三节 P93。

33. 对盈利数据，通常我们可以选择（ ）。

Ⅰ. 最近一个完整会计年度的历史数据

Ⅱ. 最近三年的数据

Ⅲ. 最近十二个月的数据

Ⅳ. 预测年度的盈利数据

A. Ⅰ、Ⅱ、Ⅲ

B. Ⅰ、Ⅱ、Ⅲ、Ⅳ

C. Ⅰ、Ⅱ、Ⅳ

D. Ⅰ、Ⅲ、Ⅳ

答案：D

知识点：市盈率倍数、企业价值/息税前利润倍数、企业价值/息税折旧摊销前利润倍数、市净率倍数、市销率倍数的概念与基本内容及适用范围；见教材第五章第三节 P94。

34. 息税折旧摊销前利润（Earnings Before Interest，Tax，Depreciation and Amortization，EBITDA）是指扣除（　　）之前的利润。

Ⅰ. 利息费用

Ⅱ. 债券利息

Ⅲ. 税收

Ⅳ. 折旧与摊销

A. Ⅰ、Ⅱ、Ⅲ

B. Ⅰ、Ⅲ、Ⅳ

C. Ⅰ、Ⅱ、Ⅳ

D. Ⅱ、Ⅲ、Ⅳ

答案：B

知识点：市盈率倍数、企业价值/息税前利润倍数、企业价值/息税折旧摊销前利润倍数、市净率倍数、市销率倍数的概念与基本内容及适用范围；见教材第五章第三节 P95。

35. 折现现金流估值法中，对于在预测期之后目标公司的价值，也就是终值（TV），可以采用（　　）进行估算。

Ⅰ. 终值倍数法

Ⅱ. 倍数特性法

Ⅲ. Gordon 永续增长模型

Ⅳ. 永续零增长模型

A. Ⅰ、Ⅲ

B. Ⅰ、Ⅲ、Ⅳ

C. Ⅰ、Ⅱ、Ⅳ

D. Ⅱ、Ⅲ、Ⅳ

答案：A

知识点：折现现金流估值法的概念与基本内容；见教材第五章第三节 P98。

36. 折现现金流估值法的估值步骤正确的是（　　）。

Ⅰ. 选择适用的折现现金流估值法

Ⅱ. 计算折现率（r）

Ⅲ. 确定详细预测期数（n）

Ⅳ. 计算终值（TV）

Ⅴ. 计算详细预测期内的每期现金流（CF_t）

A. Ⅰ、Ⅱ、Ⅳ、Ⅲ、Ⅴ

B. Ⅲ、Ⅰ、Ⅱ、Ⅳ、Ⅴ

C. Ⅰ、Ⅱ、Ⅲ、Ⅳ、Ⅴ

D. Ⅰ、Ⅲ、Ⅴ、Ⅱ、Ⅳ

答案：D

知识点：折现现金流估值法的基本原理与估值步骤；见教材第五章第三节 P98。

37. 折现现金流估值法具有（　　）优点。

Ⅰ. 折现现金流估值法评估得到的是内含价值，受市场短期变化和非经济因素的影响较小

Ⅱ. 折现现金流估值法评估得到的是外在价值，受市场长期期变化和非经济因素的影响较小

Ⅲ. 折现现金流估值法需要深入分析目标公司的财务数据和经营模式，有助于发现目标公司价值的核心驱动因素

Ⅳ. 折现现金流估值法为企业未来发展战略和经营决策提供依据，有助于发现提升企业价值的方法

A. Ⅰ、Ⅲ

B. Ⅰ、Ⅲ、Ⅳ

C. Ⅰ、Ⅱ、Ⅲ、Ⅳ

D. Ⅱ、Ⅲ、Ⅳ

答案：B

知识点：折现现金流估值法的优点和不足；见教材第五章第三节 P99。

38. 股权投资基金投资于目标公司的股权，预期获得（　　）现金流。

Ⅰ. 持有股权期间的现金红利

Ⅱ. 持有股权期间目标公司的分红

Ⅲ. 持有期末卖出股权时的价格

Ⅳ. 处理公司资产获得的现金流

A. Ⅰ、Ⅲ

B. Ⅰ、Ⅲ、Ⅳ

C. Ⅰ、Ⅱ、Ⅲ

D. Ⅱ、Ⅲ、Ⅳ

答案：A

知识点：红利折现模型的估值步骤；见教材第五章第三节 P99。

39. 创业投资估值法的步骤正确的是（　　）。

Ⅰ. 估计目标公司在股权投资基金退出时的股权价值股权投资基金预测投资退出的时点，然后估算该时点目标公司的股权价值

Ⅱ. 估计股权投资基金在退出时的要求持股比例投资额除以当前股权价值，得到股权投资基金为获得目标回报倍数或收益率应有的持股比例，计算公式为要求持股比例 = 投资额／当前股权价值

Ⅲ. 估计股权稀释情况，计算投资时的持股比例如果目标公司没有后续轮次的股权融资，则不会稀释股权投资基金的股权，投资时的持股比例就是上一步计算出的要求持股比例

Ⅳ. 计算当前股权价值使用目标回报倍数或者收益率将目标公司退出时的股权价值折算为当前股权价值

A. Ⅰ、Ⅱ、Ⅳ、Ⅲ

B. Ⅲ、Ⅰ、Ⅱ、Ⅳ

C. Ⅰ、Ⅳ、Ⅱ、Ⅲ

D. Ⅰ、Ⅲ、Ⅱ、Ⅳ

答案：C

知识点：创业投资估值法的估值步骤；见教材第五章第三节 P103～P104。

40. 成本法包括（　　）。

Ⅰ. 账面价值法

Ⅱ. 平均成本法

Ⅲ. 重置成本法

Ⅳ. 收益现值法

A. Ⅰ、Ⅲ

B. Ⅰ、Ⅲ、Ⅳ

C. Ⅱ、Ⅲ

D. Ⅱ、Ⅳ

答案：A

知识点：重置成本法的概念与基本内容；见教材第五章第三节 P104。

41. 使用账面价值法对资产项目的调整时应注意公司应收账款可能发生的（　　）

等问题。

Ⅰ. 坏账损失

Ⅱ. 公司外贸业务的汇兑损失

Ⅲ. 公司有价证券的市值是否低于账面价值

Ⅳ. 固定资产的折旧方式是否合理

A. Ⅰ、Ⅱ、Ⅲ

B. Ⅰ、Ⅱ、Ⅲ、Ⅳ

C. Ⅰ、Ⅲ、Ⅳ

D. Ⅱ、Ⅲ、Ⅳ

答案：B

知识点：账面价值法的概念与基本内容；见教材第五章第三节 P104。

42. 重置成本法的计算公式为（   ）。

Ⅰ. 待评估资产价值 = 重置全价 – 综合贬值

Ⅱ. 待评估资产价值 = 重置全价 + 综合增值

Ⅲ. 待评估资产价值 = 重置全价 × 综合成新率

Ⅳ. 待评估资产价值 = 重置全价/综合成新率

A. Ⅰ、Ⅱ

B. Ⅰ、Ⅲ

C. Ⅱ、Ⅳ

D. Ⅲ、Ⅳ

答案：B

知识点：重置成本法的概念与基本内容；见教材第五章第三节 P104。

43. 清算包括（   ）。

Ⅰ. 破产清算

Ⅱ. 合并清算

Ⅲ. 撤资清算

Ⅳ. 解散清算

A. Ⅰ、Ⅱ

B. Ⅱ、Ⅲ

C. Ⅱ、Ⅳ

D. Ⅰ、Ⅳ

答案：D

知识点：清算价值法的概念与基本内容；见教材第五章第三节 P105。

44. 清算价值法评估的正确步骤是（   ）。

Ⅰ. 进行市场调查，收集与被评估资产或类似资产清算拍卖相关的价格资料

Ⅱ. 根据市场调查计算出结果，对清算价格进行评估

Ⅲ. 根据差异程度及其他影响因素，估算被评估资产的价值，最后得出评估结果

Ⅳ. 分析、验证价格资料的科学性和可靠性

Ⅴ. 逐项对比分析评估与参照物的差异及其程度，包括实物差异、市场条件、时间差异和区域差异等

A. Ⅰ、Ⅳ、Ⅴ、Ⅲ、Ⅱ

B. Ⅲ、Ⅰ、Ⅱ、Ⅴ、Ⅳ

C. Ⅰ、Ⅱ、Ⅲ、Ⅳ、Ⅴ

D. Ⅰ、Ⅲ、Ⅴ、Ⅱ、Ⅳ

答案：A

知识点：清算价值法的估值步骤 ；见教材第五章第三节 P105 ~ P106。

45. 投资框架协议有时也被称为（　　　）。

Ⅰ. 投资条款清单

Ⅱ. 投资备忘录

Ⅲ. 投资协议书

Ⅳ. 投资意向书

A. Ⅰ、Ⅱ、Ⅲ

B. Ⅱ、Ⅲ、Ⅳ

C. Ⅰ、Ⅲ、Ⅳ

D. Ⅰ、Ⅱ、Ⅳ

答案：D

知识点：投资框架协议和投资协议；见教材第五章第四节 P107。

46. 在进行投资框架协议谈判时，投融资双方主要围绕目标公司（　　　）等核心条款展开。

Ⅰ. 投资价格

Ⅱ. 锁定期条款

Ⅲ. 业绩要求和退出安排

Ⅳ. 费用承担条款

A. Ⅰ、Ⅱ、Ⅲ

B. Ⅰ、Ⅱ、Ⅲ、Ⅳ

C. Ⅰ、Ⅲ、Ⅳ

D. Ⅰ、Ⅱ、Ⅳ

答案：B

知识点：投资框架协议和投资协议；见教材第五章第四节 P107。

47. 创业投资基金通常以（　　）为投资工具，以目标公司增资方式进行投资。

Ⅰ. 普通股

Ⅱ. 可转换优先股

Ⅲ. 可转换债券

Ⅳ. 优先股

A. Ⅰ、Ⅱ、Ⅲ

B. Ⅰ、Ⅱ、Ⅲ、Ⅳ

C. Ⅰ、Ⅲ、Ⅳ

D. Ⅰ、Ⅱ、Ⅳ

答案：A

知识点：估值条款的概念与基本内容；见教材第五章第四节 P108。

48. 业内常见的触发"回售权"的条件有（　　）。

Ⅰ. 业绩不达标

Ⅱ. 未及时改制／申报上市材料／实现 IPO

Ⅲ. 原始股东丧失控股权

Ⅳ. 高管出现重大不当行为

A. Ⅰ、Ⅱ、Ⅲ

B. Ⅰ、Ⅱ、Ⅲ、Ⅳ

C. Ⅰ、Ⅲ、Ⅳ

D. Ⅰ、Ⅱ、Ⅳ

答案：B

知识点：回售权条款的概念与基本内容；见教材第五章第四节 P115。

49. 股权投资基金通过反摊薄条款进行保护的方式通常有（　　）。

Ⅰ. 完全棘轮

Ⅱ. 反稀释

Ⅲ. 加权平均

Ⅳ. 不完全棘轮

A. Ⅰ、Ⅱ、Ⅲ

B. Ⅰ、Ⅱ、Ⅲ、Ⅳ

C. Ⅰ、Ⅲ

D. Ⅰ、Ⅱ、Ⅳ

答案：C

知识点：反摊薄条款的概念与基本内容；见教材第五章第四节 P112。

50. 下列关于完全棘轮条款的说法中，正确的有（　　）。

Ⅰ. 完全棘轮条款时，前轮投资者过去投入的资金所换取的股权全部按新的最低价格重新计算，增加的部分由创始股东无偿或以象征性的价格向前轮投资者转让

Ⅱ. 完全棘轮的特点在于不考虑下一轮新发行股权的数量，只是简单地对比后轮融资与前轮融资的价格差异

Ⅲ. 完全棘轮条款是最大限度地保护前轮投资者的条款，在股权投资基金实践中，如果谈判优势明显，多数股权投资基金都会要求适用完全棘轮条款

Ⅳ. 完全棘轮条款使公司经营不利的风险很大程度上完全由原始股东来承担了，对作为创始股东的企业家有重大的影响

A. Ⅰ、Ⅱ、Ⅲ

B. Ⅰ、Ⅱ、Ⅲ、Ⅳ

C. Ⅰ、Ⅲ、Ⅳ

D. Ⅰ、Ⅱ、Ⅳ

答案：A

知识点：反摊薄条款的概念与基本内容；见教材第五章第四节 P112。

51. 根据保护性条款，目标企业在执行某些（　　）的行为或交易前，应事先获得投资人的同意。

Ⅰ. 损害投资人利益

Ⅱ. 公司股权结构发生改变

Ⅲ. 与投资人利益相关

Ⅳ. 对投资人利益有重大影响

A. Ⅰ、Ⅱ、Ⅲ

B. Ⅱ、Ⅲ、Ⅳ

C. Ⅰ、Ⅲ、Ⅳ

D. Ⅰ、Ⅱ、Ⅳ

答案：C

知识点：保护性条款的概念与基本内容；见教材第五章第四节 P113。

52. 保护性条款实际上赋予了股权投资基金作为投资人，对一些特定重大事项的一票否决权。重大事项通常包括（　　）等。

Ⅰ. 一定规模以上股权或债权的发行

Ⅱ. 一定规模以上的资产处置

Ⅲ. 涉及公司知识产权的交易

Ⅳ. 导致公司控制权发生变化的兼并、收购、分立、合并或清算事件

A. Ⅰ、Ⅱ、Ⅲ

B. Ⅰ、Ⅱ、Ⅲ、Ⅳ

C. Ⅰ、Ⅲ、Ⅳ

D. Ⅱ、Ⅳ

答案：B

知识点：保护性条款的概念与基本内容；见教材第五章第四节 P113 ~ P114。

53. 竞业禁止条款要求目标公司通过保密协议或其他方式，确保其董事、高管和其他关键员工不得（　　　）。

Ⅰ. 兼职与本公司业务有竞争的职位

Ⅱ. 在离职后一段时期内加入与本公司有竞争关系的公司

Ⅲ. 离职后终身不得从事同类职业

Ⅳ. 离职后可以加入与本公司有竞争关系的公司

A. Ⅰ、Ⅱ、Ⅲ

B. Ⅰ、Ⅱ

C. Ⅰ、Ⅲ、Ⅳ

D. Ⅱ、Ⅳ

答案：B

知识点：竞业禁止条款的概念与基本内容；见教材第五章第四节 P117。

54. 针对未来目标公司可能出现的股权变化，（　　　）对股权投资基金的股东权利提供了相对完整的保护。

Ⅰ. 优先认购权

Ⅱ. 第一拒绝权

Ⅲ. 随售权

Ⅳ. 拖售权条款

A. Ⅰ、Ⅱ、Ⅲ

B. Ⅰ、Ⅱ、Ⅳ

C. Ⅰ、Ⅱ、Ⅲ、Ⅳ

D. Ⅱ、Ⅲ、Ⅳ

答案：C

知识点：优先认购权条款的概念与基本内容；见教材第五章第四节 P110。

55. 随售权与拖售权的区别（　　　）。

Ⅰ. 随售权是股权投资基金欲强行进入其他股东与第三方的交易

Ⅱ. 随售权的交易价格以股权投资基金与第三方协商确定的价格为准

Ⅲ. 拖售权是股权投资基金强迫其他股东进入股权投资基金与第三方的交易

Ⅳ. 拖售权的交易价格以股权投资基金与第三方协商确定的价格为准

A. Ⅰ、Ⅱ、Ⅲ

B. Ⅰ、Ⅱ、Ⅳ

C. Ⅰ、Ⅲ、Ⅳ

D. Ⅱ、Ⅲ、Ⅳ

答案：C

知识点：拖售权条款的概念与基本内容；见教材第五章第四节 P116。

56. 对目标公司而言，其在融资过程中所知悉的股权投资基金的（　　）等信息通常均属于商业秘密。

Ⅰ. 非公开的尽职调查方法与流程

Ⅱ. 投资估值意见

Ⅲ. 投资框架协议

Ⅳ. 投资协议条款

A. Ⅰ、Ⅱ、Ⅲ

B. Ⅰ、Ⅱ、Ⅳ

C. Ⅰ、Ⅲ、Ⅳ

D. Ⅰ、Ⅱ、Ⅲ、Ⅳ

答案：D

知识点：保密条款的概念与基本内容；见教材第五章第四节 P118。

57. 在排他期限内，目标企业（　　）在与股权投资基金进行谈判的过程中不得再与其他投资机构进行接触。

Ⅰ. 现任股东及其董事

Ⅱ. 雇员

Ⅲ. 财务顾问、经纪人

Ⅳ. 合作企业

A. Ⅰ、Ⅱ、Ⅲ

B. Ⅰ、Ⅱ

C. Ⅰ、Ⅲ、Ⅳ

D. Ⅱ、Ⅳ

答案：A

知识点：排他性条款的概念与基本内容；见教材第五章第四节 P118。

第六章　股权投资基金的投资后管理

一、单项选择题（以下各小题所给出的 4 个选项中，只有 1 项最符合题目要求，请将正确选项的代码填入括号内，不填、错填均不得分）

1. （　　）是指股权投资基金与被投资企业投资交割之后，相关主体积极参与被投资企业的管理，对被投资企业实施项目监控并提供各项增值服务的一系列活动。
A. 投资后管理
B. 投资前管理
C. 投资中管理
D. 审核前管理
答案：A
知识点：投资后管理的基本概念；见教材第六章第一节 P121。

2. 股权投资基金一般在投资后管理，为被投资企业提供完善公司治理结构、规范财务管理系统和为企业提供管理咨询等增值服务的主体是（　　）。
A. 基金托管人
B. 中国证监会
C. 基金管理人
D. 基金公司
答案：C
知识点：投资后管理的基本概念；见教材第六章第一节 P121。

3. 在投资交割之后直到项目退出之前都属于（　　）的期间。（　　）对于投资工作具有十分重要的意义。
A. 投资前管理；投资后管理
B. 投资后管理；审核后管理
C. 投资前管理；投资前管理
D. 投资后管理；投资后管理
答案：D
知识点：投资后管理的基本概念；见教材第六章第一节 P121。

4. 股权投资基金投资后管理的作用不包括（　　）。
A. 协助被投资企业利用资本市场

B. 提升被投资企业自身价值

C. 估算被投资企业的投资价值

D. 管理和防范投资风险

答案：C

知识点：投资后管理的作用和目的；见教材第六章第一节 P122。

5. （　　）是公司的最高权力机构。

A. 董事会

B. 股东大会

C. 监事会

D. 理事会

答案：B

B 知识点：通过股东大会（股东会）、董事会、监事会获取公司信息；见教材第六章第一节 P123。

6. （　　）批准公司年度财务预算与决算。

A. 监事会

B. 股东大会

C. 董事会

D. 总经理

答案：C

知识点：通过股东大会（股东会）、董事会、监事会获取公司信息；见教材第六章第一节 P123。

7. （　　）作为公司内部专门行使监督权的监督机构，对公司董事和高管的行为是否符合法律法规和公司章程行使监督权。

A. 监事会

B. 股东大会

C. 董事会

D. 总经理

答案：A

知识点：通过股东大会（股东会）、董事会、监事会获取公司信息；见教材第六章第一节 P123。

8. 股权投资基金投资后阶段常用的监控指标不包括（　　）。

A. 风险指标

B. 管理指标

C. 财务指标

D. 经营指标

答案：A

知识点：项目跟踪与监控的常用经营、管理和财务指标；见教材第六章第二节 P126。

9. 下列不属于股权投资基金投资后项目监控管理指标的是（　　）。

A. 公司战略与业务定位

B. 产品销售与市场开拓情况

C. 经营风险控制情况

D. 危机事件处理情况

答案：B

知识点：项目跟踪与监控的常用经营、管理和财务指标；见教材第六章第二节 P127。

10. 股权投资基金投资后项目监控的主要方式不包括（　　）。

A. 监控被投资企业财务状况

B. 跟踪协议条款的执行情况

C. 委派专门人员对被投资企业进行定向监控

D. 参与被投资企业重大经营决策

答案：C

知识点：项目跟踪与监控的主要方式；见教材第六章第二节 P129。

11. 为了降低投资后的（　　），投资机构通常会直接参与被投资企业股东大会、董事会和监事会，以提出议案或参与表决的方式，对被投资企业的经营管理实施监控。

A. 流动性风险

B. 经营风险

C. 委托代理风险

D. 财务风险

答案：C

知识点：项目跟踪与监控的主要方式；见教材第六章第二节 P129。

12. 在投资后管理阶段，投资者可以选择（　　），相应增加在股东大会或董事会的话语权，从而实施更有力的监控。

A. 将优先股或债权转换为普通股

B. 将普通股转换为优先股

C. 转让其所持有的被投资企业的股权

D. 增加购买被投资企业的债券

答案：A

知识点：项目跟踪与监控的主要方式；见教材第六章第二节 P129。

13. 股权投资基金为被投资企业提供的增值服务不包括（　　）。

A. 提供管理咨询服务

B. 构建内部监督机制

C. 规范财务管理体系

D. 协助后续再融资

答案：B

知识点：增值服务的主要内容；见教材第六章第三节 P131。

14. 下列关于股权投资基金为被投资企业提供的增值服务的主要内容中，说法错误的是（　　）。

A. 为企业提供管理咨询服务，主要是指为被投资企业提供战略、组织、财务、人力资源、市场营销等方面的咨询建议

B. 为了实现被投资企业上市，投资机构可以帮助被投资企业进行一系列的上市/挂牌前的准备，引入各类中介机构开展上市/挂牌辅导工作，并利用自己在资本市场的资源网络，协助被投资企业上市，但不可参与被投资企业的资本运营

C. 股权投资基金可以协助引入具有较高水平的财务管理人员，帮助被投资企业建立起以"规范管理、风险控制和全面预算"为基本准则的现代财务管理体系

D. 股权投资基金和证券市场上的投资银行及基金公司联系密切，能够帮助企业选择合适的时机上市或者发行债券

答案：B

知识点：增值服务的主要内容；见教材第六章第三节 P131～P133。

二、组合型单项选择题（以下各小题所给出的 **4** 个选项中，只有 **1** 项最符合题目要求，请将正确选项的代码填入括号内，不填、错填、漏填均不得分）

1. 投资后管理的主要内容可分为（　　）。

Ⅰ. 股权投资基金对被投资企业提供信息服务

Ⅱ. 股权投资基金对被投资企业提供数据服务

Ⅲ. 股权投资基金对被投资企业进行的项目跟踪与监控活动

Ⅳ. 股权投资基金对被投资企业提供的增值服务

A. Ⅰ、Ⅱ

B. Ⅰ、Ⅳ

C. Ⅱ、Ⅲ

D. Ⅲ、Ⅳ

答案：D

知识点：投资后管理的主要内容；见教材第六章第一节 P121。

2. 股权投资基金投资后管理的主要内容包括（　　）。

Ⅰ. 对被投资企业进行的项目监控活动

Ⅱ. 对被投资企业提供增值服务

Ⅲ. 对被投资企业进行上市辅导

Ⅳ. 对被投资企业提供再融资服务

A. Ⅰ、Ⅱ、Ⅲ

B. Ⅰ、Ⅲ、Ⅳ

C. Ⅱ、Ⅲ、Ⅳ

D. Ⅰ、Ⅱ、Ⅲ、Ⅳ

答案：D

知识点：投资后管理的主要内容；见教材第六章第一节 P121。

3. 投资后管理的作用有（　　）。

Ⅰ. 投资后的增值服务有利于提升被投资企业的自身价值，增加投资收益

Ⅱ. 投资后管理对股权投资基金参与企业后续融资时的决策也起到重要的决策支撑作用

Ⅲ. 投资后管理对股权投资基金提供全面的数据服务，增加服务信息

Ⅳ. 投资后的项目监控有利于及时了解被投资企业经营运作情况，并根据不同情况及时采取必要措施，保证资金安全

A. Ⅰ、Ⅱ、Ⅲ

B. Ⅰ、Ⅱ、Ⅳ

C. Ⅱ、Ⅲ、Ⅳ

D. Ⅰ、Ⅱ、Ⅲ、Ⅳ

答案：B

知识点：投资后管理的作用和目的；见教材第六章第一节 P122。

4. 下列属于股权投资基金管理人参与投资后管理渠道和方式的是（　　）。

Ⅰ. 日常联络和沟通工作

Ⅱ. 关注被投资企业经营状况

Ⅲ. 帮助被投资企业进行经营决策

Ⅳ. 参与被投资企业股东大会、董事会、监事会

A. Ⅰ、Ⅱ、Ⅲ

B. Ⅰ、Ⅱ、Ⅳ

C. Ⅱ、Ⅲ、Ⅳ

D. Ⅰ、Ⅱ、Ⅲ、Ⅳ

答案：B

知识点：通过股东大会（股东会）、董事会、监事会获取公司信息；见教材第六章第一节 P123 ~ P124。

5. 股东大会负责（　　）等重大事项的决策。

Ⅰ. 公司上市

Ⅱ. 公司增资、减资

Ⅲ. 利润分配

Ⅳ. 审批重大关联交易

A. Ⅰ、Ⅱ、Ⅲ

B. Ⅰ、Ⅱ、Ⅳ

C. Ⅱ、Ⅲ、Ⅳ

D. Ⅰ、Ⅱ、Ⅲ、Ⅳ

答案：D

知识点：通过股东大会（股东会）、董事会、监事会获取公司信息；见教材第六章第一节 P123。

6. 在投资后直至投资退出的全过程中，被投资企业有义务及时向投资机构提供与企业经营状况相关的报告，包括（　　）。

Ⅰ. 月度报告

Ⅱ. 季度报告

Ⅲ. 半年度报告

Ⅳ. 年度报告

A. Ⅰ、Ⅱ、Ⅲ

B. Ⅰ、Ⅱ、Ⅳ

C. Ⅱ、Ⅲ、Ⅳ

D. Ⅰ、Ⅱ、Ⅲ、Ⅳ

答案：D

知识点：通过定期报告获取公司信息；见教材第六章第一节 P124。

7. 股权投资基金为了实现与被投资企业的有效沟通，通常采取的方式包括（　　）。

Ⅰ. 会面

Ⅱ. 电话

Ⅲ. 调查问卷

Ⅳ. 实地考察

A. Ⅰ、Ⅱ、Ⅲ

B. Ⅰ、Ⅱ、Ⅳ

C. Ⅱ、Ⅲ、Ⅳ

D. Ⅰ、Ⅱ、Ⅲ、Ⅳ

答案：B

知识点：通过日常沟通获取公司信息；见教材第六章第一节 P124。

8. 投资机构进行项目跟踪与监控的目的包括（　　）。

Ⅰ. 规避企业家的委托代理风险

Ⅱ. 减少或消除信息不对称等潜在问题

Ⅲ. 积极应对内外部环境变化与经营风险

Ⅳ. 促进被投资企业的长远发展

A. Ⅰ、Ⅱ、Ⅲ

B. Ⅰ、Ⅱ、Ⅳ

C. Ⅱ、Ⅲ、Ⅳ

D. Ⅰ、Ⅱ、Ⅲ、Ⅳ

答案：D

知识点：项目跟踪与监控的基本概念与主要目的；见教材第六章第二节 P125。

9. 项目跟踪与监控的管理指标主要包括（　　）等。

Ⅰ. 公司战略与业务发展定位

Ⅱ. 经营风险控制情况

Ⅲ. 网点建设

Ⅳ. 高层管理人员尽职与异动情况

A. Ⅰ、Ⅱ、Ⅲ

B. Ⅰ、Ⅱ、Ⅳ

C. Ⅱ、Ⅲ、Ⅳ

D. Ⅰ、Ⅱ、Ⅲ、Ⅳ

答案：B

知识点：项目跟踪与监控的常用经营、管理和财务指标；见教材第六章第二节 P127。

10. 下列关于股权投资基金所提供的增值服务的说法中，表述正确的有（　　）。

Ⅰ. 提供增值服务的目的是在降低投资风险的同时，延长投资期限，实现收益最大化

Ⅱ. 增值服务是投资者控制投资风险的一项重要手段

Ⅲ. 在当前市场环境下，增值服务能力甚至成为投资机构的核心竞争力

Ⅳ. 投资后持续的增值服务，能够有效降低投资风险

A. Ⅰ、Ⅱ、Ⅲ

B. Ⅰ、Ⅱ、Ⅳ

C. Ⅱ、Ⅲ、Ⅳ

D. Ⅰ、Ⅱ、Ⅲ、Ⅳ

答案：C

知识点：增值服务的价值和目的；见教材第六章第三节 P131。

11. 股权投资基金提供的管理咨询服务是指为被投资企业提供（　　）等方面的顾问建议。

Ⅰ. 会计制度

Ⅱ. 战略

Ⅲ. 人力资源

Ⅳ. 市场营销

A. Ⅰ、Ⅱ、Ⅲ

B. Ⅰ、Ⅱ、Ⅳ

C. Ⅱ、Ⅲ、Ⅳ

D. Ⅰ、Ⅱ、Ⅲ、Ⅳ

答案：C

知识点：增值服务的主要内容；见教材第六章第三节 P132。

12. 投资机构与社会各界有着广泛的联系，凭借这种关系网络，投资机构往往能够为被投资企业（　　）。

Ⅰ. 寻找合适的高级管理人才

Ⅱ. 寻找日常经营中的供应商和经销商

Ⅲ. 聘用核心技术人才

Ⅳ. 寻找合适的专家顾问

A. Ⅰ、Ⅱ、Ⅲ

B. Ⅰ、Ⅱ、Ⅳ

C. Ⅱ、Ⅲ、Ⅳ

D. Ⅰ、Ⅱ、Ⅲ、Ⅳ

答案：D

知识点：增值服务的主要内容；见教材第六章第三节 P133。

第七章　股权投资基金的项目退出

一、单项选择题（以下各小题所给出的 **4** 个选项中，只有 **1** 项最符合题目要求，请将正确选项的代码填入括号内，不填、错填均不得分）

1. 股权投资基金选择合适的时机，将其在被投资企业的股权变现，由股权形态转化为具有流动性的现金收益，以实现资本增值，或及时避免和降低损失，是指（　　）。

A. 股权转让

B. 挂牌转让

C. 项目退出

D. 股份转让

答案：C

知识点：项目退出的定义；见教材第七章第一节 P137。

2. 股权投资基金的（　　）是整个投资的关键环节，对股权投资基金而言，这是其进行股权投资的最终目标。

A. 项目退出

B. 评估公开上市

C. 股权转让

D. 股份转让

答案：A

知识点：项目退出的一般顺序；见教材第七章第一节 P137。

3. 股权投资与一般投资活动相比所具有的特点不包括（　　）。

A. 投资周期长

B. 资金量大

C. 投资风险低

D. 投资风险高

答案：C

知识点：退出机制的重要意义；见教材第七章第一节 P137 ~ P138。

4. 股权投资基金的退出方式中（　　）的收益一般最高。

A. 上市转让退出

B. 挂牌转让退出

C. 协议转让退出

D. 清算退出

答案：A

知识点：从退出收益角度比较四种退出方式；见教材第一章第一节 P138。

5. 股权投资基金的退出方式中（　　）的方式可以更快地收回现金，实现快速退出。

A. 上市转让退出

B. 挂牌转让退出

C. 协议转让退出

D. 清算退出

答案：C

知识点：从退出效率角度比较四种退出方式；见教材第一章第一节 P139。

6. 股权投资基金的退出方式中（　　）不需要支付高额的保荐、承销等费用，只需并购方和被并购方双方达成协议即可完成。

A. 上市转让退出

B. 挂牌转让退出

C. 协议转让退出

D. 清算退出

答案：C

知识点：从退出成本角度比较四种退出方式；见教材第一章第一节 P139。

7. （　　）是指股权投资基金通过企业上市将其拥有的被投资企业股份转变成可以在公开市场上流通的股票，通过股票在公开市场转让实现投资退出和资本增值。

A. 股份上市转让退出

B. 股票首次公开发行并上市

C. 股份转让

D. 项目退出

答案：B

知识点：股票首次公开发行并上市的概念；见教材第七章第二节 P140。

8. 对我国企业来说，境外 IPO 市场主要以香港证券交易所、美国纳斯达克证券交易所（NASDAQ）、（　　）等市场为主。

A. 中小板

B. 创业板

C. 纽约证券交易所（NYSE）

D. 主板

答案：C

知识点：境内上市和境外上市的主要市场；见教材第七章第二节 P140。

9. （　　）是指企业直接以国内股份有限公司的名义向国外证券主管机构申请发行股票（或其他衍生工具），向当地证券交易所申请上市。

A. 境外直接上市

B. 境外间接上市

C. 境内首次公开发行

D. 境内间接上市

答案：A

知识点：境外直接上市的概念和要求；见教材第七章第二节 P144。

10. 我国企业选择境外直接上市，需首先向中国证监会提出申请。为保证上市公司质量，中国证监会对企业申请境外上市提出了较高的要求。申请境外直接上市企业的净资产需满足不少于（　　）亿元人民币。

A. 4

B. 5

C. 6

D. 7

答案：A

知识点：境外直接上市的概念和要求；见教材第七章第二节 P144。

11. 企业申请境外上市需要满足过去一年税后利润不少于（　　）万元人民币，并有增长潜力；按照合理市盈率预期，筹资额不少于（　　）万美元。

A. 4000；4000

B. 5000；5000

C. 6000；5000

D. 6000；4000

答案：C

知识点：境外直接上市的概念和要求；见教材第七章第二节 P144。

12. （　　）是指境内公司将境内资产/权益，以股权/资产收购或协议控制等形式转移至境外注册的特殊目的公司，通过该境外特殊目的公司持有、控制境内资产及股权，并以境外特殊目的公司的名义申请境外交易所上市交易。

A. 境外直接上市

B. 境外间接上市

C. 境内首次公开发行

D. 境内间接上市

答案：B

知识点：境外间接上市的概念；见教材第七章第二节 P144。

13. （ ）又称委托驱动制度。

A. 竞价交易机制

B. 大宗交易机制

C. 要约收购机制

D. 协议转让机制

答案：A

知识点：竞价交易机制；见教材第七章第二节 P145。

14. 我国上海、深圳证券交易所都采取集合竞价和连续竞价两种方式，交易均实行涨跌幅限制，无论是买入或者是卖出，股票（含 A 股、B 股）在一个交易日内交易价格相对上一个交易日收市价格的涨跌幅不得超过（ ）%。

A. 5

B. 6

C. 7

D. 10

答案：D

知识点：竞价交易机制；见教材第七章第二节 P146。

15. （ ）是指达到规定的最低限额的证券单笔买卖申报，买卖双方经过协商达成一致并经交易所确定成交的证券交易。

A. 竞价交易机制

B. 大宗交易机制

C. 要约收购机制

D. 协议转让机制

答案：B

知识点：大宗交易机制；见教材第七章第二节 P146。

16. 大宗交易，又称为大宗买卖，具有除（ ）外的特点。

A. 相对于普通投资者所采取的自动报价转让定价更加灵活

B. 不会对竞价交易的股票价格形成巨大冲击，有利于市场稳定

C. 高成本

D. 高效率

答案：C

知识点：大宗交易机制；见教材第七章第二节 P146。

17. （ ）是指收购人向所有的股票持有人发出购买上市公司股份的收购要约，

收购该上市公司股份的行为。

A. 竞价交易机制

B. 大宗交易机制

C. 要约收购机制

D. 协议转让机制

答案：C

知识点：要约收购机制；见教材第七章第二节 P146。

18. 我国《上市公司收购管理办法》规定，通过证券交易所的证券交易，收购人持有一个上市公司的股份达到该公司已发行股份的（　　）％时，继续增持股份的，应当采取要约方式进行，发出全面要约或者部分要约。

A. 20

B. 30

C. 40

D. 50

答案：B

知识点：要约收购机制；见教材第七章第二节 P146。

19. （　　）是经国务院批准设立的公司制全国性证券交易场所，全国中小企业股份转让系统有限责任公司为其运营管理机构。

A. 全国中小企业股份转让系统

B. 区域性股权交易市场

C. 中小板

D. 主板

答案：A

知识点：我国主要场外交易市场；见教材第七章第三节 P147。

20. （　　）是为市场所在地省级行政区域内的企业特别是中小微企业提供股权、债权的转让和融资服务的场外交易市场。

A. 全国中小企业股份转让系统

B. 区域性股权交易市场

C. 中小板

D. 主板

答案：B

知识点：我国主要场外交易市场；见教材第七章第三节 P147～P148。

21. 股份有限公司申请股票在全国股转系统挂牌需满足依法设立且存续满（　　）年。

A. 2

B. 3

C. 4

D. 5

答案：A

知识点：全国股转系统挂牌条件；见教材第七章第三节 P148。

22. 全国股转系统挂牌流程中（　　）的主要工作是选聘中介机构，配合中介机构进行尽职调查，选定改制基准日、整体变更为股份公司。

A. 决策改制阶段

B. 材料制作阶段

C. 反馈审核阶段

D. 登记挂牌阶段

答案：A

知识点：全国股转系统挂牌流程的四个阶段；见教材第七章第三节 P148。

23. 反馈审核阶段的主要工作是配合全国股转系统的审核，对全国股转系统的审核意见进行反馈。其工作流程不包括（　　）。

A. 全国股转系统接收材料

B. 全国股转系统审查反馈

C. 全国股转系统出具审查意见

D. 分配股票代码

答案：D

知识点：全国股转系统挂牌流程的四个阶段；见教材第七章第三节 P149～P150。

24. 收盘自动匹配成交是指在每个收盘日（　　）将盘中价格相同、交易方向相反的交易对手自动撮合。

A. 14：00

B. 15：00

C. 15：30

D. 16：00

答案：B

知识点：协议转让方式；见教材第七章第三节 P150。

25. （　　）是老股东常用的方式，双方通过约定价格、数量和约定号，统一提交到股转中心，完成交易。

A. 点击成交

B. 收盘自动匹配成交

C. 互报成交确认申报

　　D. 定价委托

　　答案：C

　　知识点：协议转让方式；见教材第七章第三节 P150。

　　26. （　　）是指做市商在全国股转系统持续发布买卖双向报价，并在其报价价位和数量范围内履行与投资者成交义务的转让方式。

　　A. 项目退出

　　B. 股份转让

　　C. 做市转让

　　D. 协议转让

　　答案：C

　　知识点：做市转让方式；见教材第七章第三节 P150。

　　27. 除非公司章程另有约定，有限责任公司股权的外部转让需要征得（　　）同意。

　　A. 全体董事会

　　B. 董事会过半数

　　C. 其他股东过半数

　　D. 全体股东

　　答案：C

　　知识点：并购退出的分类和步骤；见教材第七章第四节 P151。

　　28. 股权回购的基本运作程序通常由发起、协商、执行和变更登记四部分构成，下列关于这四部分的说法错误的是（　　）。

　　A. 在发起之前，出让方与受让方对股权回购可行性进行评估，出让方与受让方达成初步意向，股权回购才会正式发起。

　　B. 股权回购协商的过程的关键是定价与融资，而各个环节的连接与配合也直接关系到收购能否顺利完成，阶段的成果是买卖双方签订《股权转让协议》

　　C. 根据国家有关法律法规，所有股权回购交易需经政府主管部门批准后方可实施。

　　D. 股权回购完毕后，企业股东发生变化，应当及时根据《公司登记管理条例》的相关规定在工商行政管理部门办理变更登记

　　答案：C

　　知识点：回购退出的类别和流程；见教材第七章第四节 P152～P153。

　　29. （　　）是指股权投资基金通过被投资企业清算实现退出，主要是投资项目失败后的一种退出方式。

　　A. 项目退出

　　B. 清算退出

　　C. 评估公开上市

D. 股份转让

答案：B

知识点：清算的概念；见教材第七章第五节 P153。

30. 清算退出主要有两种方式：解散清算和破产清算，根据《公司法》的规定，出现以下情形时，公司应当进行解散清算，下列说法错误的是（　　）。

A. 公司章程规定的营业期限届满或者公司章程规定的其他解散事由出现

B. 股东会或者股东大会决议解散

C. 公司依法被吊销营业执照、责令关闭或者被撤销

D. 公司经营管理发生严重困难，继续存续会使股东利益受到重大损失，通过其他途径不能解决时，持有公司全部股东表决权百分之二十以上的股东请求法院解散公司并获得法院支持

答案：D

知识点：清算退出的主要方式；见教材第七章第五节 P154。

31. 公司解散清算的，有限责任公司的清算组由（　　）组成，股份有限公司的清算组由（　　）或者股东大会确定的人员组成。

A. 股东；股东

B. 股东；董事会

C. 董事会；股东

D. 董事会；董事会

答案：B

知识点：清算退出的主要方式；见教材第七章第五节 P154。

32. （　　）是指公司不能清偿到期债务，并且资产不足以清偿全部债务或者明显缺乏清偿能力时，公司被法院宣告破产，并由法院组织对公司进行的清算。

A. 项目退出

B. 清算退出

C. 破产清算

D. 解散清算

答案：C

知识点：清算退出的主要方式；见教材第七章第五节 P154。

33. 清查公司财产、制订清算方案是清算退出的流程之一，编制公司财务会计报告之后，清算组应当制订清算方案，提出收取债权和清偿债务的具体安排，提交（　　）通过或者报主管机关确认，若公司财产不足清偿债务的，清算组有责任向（　　）申请宣告破产。

A. 股东大会；有管辖权的人民法院

B. 股东大会；政府主管部门

C. 董事会；有管辖权的人民法院

D. 董事会；政府主管部门

答案：A

知识点：清算退出的主要流程；见教材第七章第五节 P154。

二、组合型单项选择题（以下各小题所给出的 4 个选项中，只有 1 项最符合题目要求，请将正确选项的代码填入括号内，不填、错填、漏填均不得分）

1. 项目退出通常需要选择适当的退出时机，下列关于项目退出的一般顺序排列正确的是（ ）。

Ⅰ. 最终进行交易结算并进行退出后的评估与评价

Ⅱ. 评估公开上市、股权转让等不同退出路径的收益

Ⅲ. 设计退出方案

Ⅳ. 进行退出启动前的准备

A. Ⅰ、Ⅱ、Ⅲ、Ⅳ

B. Ⅱ、Ⅲ、Ⅳ、Ⅰ

C. Ⅰ、Ⅲ、Ⅳ、Ⅱ

D. Ⅰ、Ⅱ、Ⅳ、Ⅲ

答案：B

知识点：项目退出的一般顺序；见教材第七章第一节 P137。

2. 股权投资退出机制为股权投资基金提供了必要的（ ）。

Ⅰ. 流动性

Ⅱ. 连续性

Ⅲ. 稳定性

Ⅳ. 收益性

A. Ⅰ

B. Ⅰ、Ⅱ

C. Ⅰ、Ⅱ、Ⅲ

D. Ⅰ、Ⅱ、Ⅲ、Ⅳ

答案：C

知识点：退出机制的重要意义；见教材第七章第一节 P137。

3. 股权投资基金项目退出的意义有（ ）。

Ⅰ. 实现投资收益，控制风险

Ⅱ. 促进投资循环，保持资金流动性

Ⅲ. 评价投资活动，体现投资价值

Ⅳ. 控制企业的经营和管理权

A. Ⅰ、Ⅱ、Ⅲ

B. Ⅰ、Ⅱ、Ⅳ

C. Ⅱ、Ⅲ、Ⅳ

D. Ⅱ、Ⅳ

答案：A

知识点：退出机制的重要意义；见教材第七章第一节 P137～P138。

4. 股权投资基金的退出方式有（　　）。

Ⅰ. 上市转让退出

Ⅱ. 在场外交易市场挂牌转让退出

Ⅲ. 协议转让退出

Ⅳ. 清算退出

A. Ⅰ、Ⅱ、Ⅲ、Ⅳ

B. Ⅱ、Ⅲ、Ⅳ

C. Ⅰ、Ⅱ、Ⅲ

D. Ⅰ、Ⅱ、Ⅳ

答案：A

知识点：项目退出的主要方式；见教材第七章第一节 P138。

5. 从退出风险的角度来看，下列说法正确的是（　　）。

Ⅰ. 采用上市转让退出，企业上市申请能否获得核准仍然存在相当大的不确定性

Ⅱ. 采用挂牌退出，存在挂牌后一段时间内无人受让或价格被高估的风险

Ⅲ. 采用协议转让退出，由信息不对称所引起的价格不能充分反映被投资企业实际价值的不确定性

Ⅳ. 采用清算退出，部分流动性较差的资产可能将不得不以极低的价格转让，甚至存在短期内无法变现的可能性

A. Ⅰ、Ⅱ、Ⅲ、Ⅳ

B. Ⅰ、Ⅱ、Ⅳ

C. Ⅰ、Ⅲ、Ⅳ

D. Ⅰ、Ⅱ、Ⅲ

答案：C

知识点：从退出风险角度比较四种退出方式；见教材第七章第一节 P139。

6. 下列关于股权投资基金退出方式的说法正确的是（　　）。

Ⅰ. 从退出收益的角度来看，清算退出一般将面临亏损的风险

Ⅱ. 从退出效率的角度来看，清算退出所需时间受债权公告、资产处置等环节影响，不同企业清算所花时间呈现较大的差异性

Ⅲ. 从退出成本的角度来看，相对于上市来说，挂牌退出所需费用相对较低

Ⅳ. 从退出风险的角度来看，挂牌退出存在挂牌后一段时间内无人受让或价格被低估的风险

A. Ⅰ、Ⅲ、Ⅳ

B. Ⅰ、Ⅱ、Ⅲ

C. Ⅰ、Ⅱ、Ⅲ、Ⅳ

D. Ⅰ、Ⅱ、Ⅳ

答案：C

知识点：项目退出的主要方式；见教材第七章第一节 P138 ~ P139。

7. 下列属于境内 IPO 市场的是（   ）。

Ⅰ. 主板市场

Ⅱ. 创业板市场

Ⅲ. 中小企业板市场

Ⅳ. 新三板挂牌市场

A. Ⅰ、Ⅱ、Ⅲ、Ⅳ

B. Ⅰ、Ⅱ、Ⅲ

C. Ⅰ、Ⅲ、Ⅳ

D. Ⅰ、Ⅱ、Ⅳ

答案：B

知识点：境内上市和境外上市的主要市场；见教材第七章第二节 P140。

8. 境内首次公开发行上市的一般流程是（   ）。

Ⅰ. 进行企业改制

Ⅱ. 由具有主承销资格的证券公司进行辅导

Ⅲ. 上市申报和审核

Ⅳ. 股票发行及上市

A. Ⅰ、Ⅱ、Ⅲ、Ⅳ

B. Ⅰ、Ⅲ、Ⅳ、Ⅱ

C. Ⅰ、Ⅱ、Ⅳ、Ⅲ

D. Ⅱ、Ⅳ、Ⅲ、Ⅰ

答案：A

知识点：境内上市的流程；见教材第七章第二节 P140 ~ P141。

9. 中国证监会《关于企业申请境外上市有关问题的通知》中的"四五六条款"对

申请境外直接上市企业的财务状况提出了较为严格的要求,具体包括（　　）。

Ⅰ. 拟上市企业筹资用途符合国家产业政策、利用外资政策及国家有关固定资产投资立项的规定

Ⅱ. 净资产不少于 4 亿元人民币

Ⅲ. 过去一年税后利润不少于 5000 万元人民币,并有增长潜力

Ⅳ. 按照合理市盈率预期,筹资额不少于 5000 万美元

A. Ⅰ、Ⅱ、Ⅳ

B. Ⅰ、Ⅱ、Ⅲ

C. Ⅰ、Ⅱ、Ⅲ、Ⅳ

D. Ⅰ、Ⅲ、Ⅳ

答案：A

知识点：境外直接上市的概念和要求；见教材第七章第二节 P144。

10. 境外上市因地区和模式差异,在具体操作上差异较大,笼统概括,可分为以下四步（　　）。

Ⅰ. 策划上市方案

Ⅱ. 准备相关文件

Ⅲ. 进行上市申报

Ⅳ. 公开发行及交易

A. Ⅰ、Ⅱ、Ⅳ、Ⅲ

B. Ⅰ、Ⅲ、Ⅳ、Ⅱ

C. Ⅰ、Ⅲ、Ⅱ、Ⅳ

D. Ⅰ、Ⅱ、Ⅲ、Ⅳ

答案：D

知识点：境外上市操作流程；见教材第七章第二节 P145。

11. 目前,我国证券交易所的主要交易机制包括（　　）。

Ⅰ. 竞价交易机制

Ⅱ. 大宗交易机制

Ⅲ. 要约收购机制

Ⅳ. 协议转让机制

A. Ⅰ、Ⅱ、Ⅳ

B. Ⅰ、Ⅱ、Ⅲ

C. Ⅰ、Ⅲ、Ⅳ

D. Ⅰ、Ⅱ、Ⅲ、Ⅳ

答案：D

知识点：我国主板市场的主要交易机制；见教材第七章第二节 P145～P147。

12. 下列关于协议转让的分类，说法正确的是（　　）。

Ⅰ. 根据转让股份类型的不同，分为流通股协议转让和非流通股协议转让

Ⅱ. 根据转让主体类型的不同，分为国有股协议转让和非国有股协议转让

Ⅲ. 根据转让情形的不同，分为协议收购、对价偿还、股份回购等

Ⅳ. 根据转让股份类型的不同，分为国有股协议转让和非国有股协议转让

A. Ⅰ、Ⅱ

B. Ⅰ、Ⅲ

C. Ⅰ、Ⅱ、Ⅲ

D. Ⅰ、Ⅲ、Ⅳ

答案：C

知识点：协议转让机制；见教材第七章第二节 P147。

13. 目前，我国场外市场包括全国性股权交易市场与区域性股权交易市场，下列说法中正确的是（　　）。

Ⅰ. 全国股转系统的定位主要是为创新型、创业型、成长型中小微企业发展服务

Ⅱ. 全国股转系统挂牌股份转让退出也成为股权投资基金的重要退出方式

Ⅲ. 全国股转系统对鼓励科技创新和激活民间资本，加强对实体经济薄弱环节的支持具有积极作用

Ⅳ. 区域性股权交易市场是多层次资本市场的重要组成部分，促进企业特别是中小微企业股权交易和融资

A. Ⅱ、Ⅲ、Ⅳ

B. Ⅰ、Ⅱ、Ⅲ、Ⅳ

C. Ⅰ、Ⅱ、Ⅳ

D. Ⅰ、Ⅲ、Ⅳ

答案：C

知识点：我国主要场外交易市场；见教材第七章第三节 P147～P148。

14. 股份有限公司申请股票在全国股转系统挂牌，不受股东所有制性质的限制，不限于高新技术企业，但应当符合下列条件（　　）。

Ⅰ. 业务明确，具有持续经营能力

Ⅱ. 公司治理机制健全，合法规范经营

Ⅲ. 股权明晰，股票发行和转让行为合法合规

Ⅳ. 主办券商推荐并持续督导

A. Ⅰ、Ⅱ、Ⅲ、Ⅳ

B. Ⅰ、Ⅲ、Ⅳ

C. Ⅰ、Ⅱ、Ⅳ

D. Ⅰ、Ⅱ、Ⅲ

答案：A

知识点：全国股转系统挂牌条件；见教材第七章第三节 P148。

15. 全国股转系统挂牌流程主要分为（   ）阶段。

Ⅰ. 材料制作阶段

Ⅱ. 决策改制阶段

Ⅲ. 登记挂牌阶段

Ⅳ. 反馈审核阶段

A. Ⅰ、Ⅱ、Ⅲ、Ⅳ

B. Ⅱ、Ⅰ、Ⅳ、Ⅲ

C. Ⅱ、Ⅰ、Ⅲ、Ⅳ

D. Ⅲ、Ⅳ、Ⅰ、Ⅱ

答案：B

知识点：全国股转系统挂牌流程的四个阶段；见教材第七章第三节 P148。

16. 材料制作阶段是全国股转系统挂牌的流程之一，其主要工作包括（   ）。

Ⅰ. 召开董事会、股东大会，审议通过申请在全国股转系统挂牌的相关决议和方案

Ⅱ. 制作挂牌申请文件

Ⅲ. 律师审查重大法律事项

Ⅳ. 向全国股转系统报送挂牌申请及相关材料

A. Ⅱ、Ⅲ、Ⅳ

B. Ⅱ、Ⅳ

C. Ⅰ、Ⅲ、Ⅳ

D. Ⅰ、Ⅱ、Ⅳ

答案：D

知识点：全国股转系统挂牌流程的四个阶段；见教材第七章第三节 P149。

17. 全国股转系统挂牌股票转让可采取协议方式，协议转让主要采用两种委托方式。下列关于两种委托方式的说法正确的是（   ）。

Ⅰ. 定价委托是指投资者委托主办券商设定股票价格和数量，但没有确定的交易对手方

Ⅱ. 成交确认委托是指买卖双方达成成交协议，委托主办券商向指定对手方发出确认成交的指令

Ⅲ. 两种委托方式即定价委托和成交确认委托

Ⅳ. 定价委托是指投资者委托主办券商设定股票价格和数量，且有确定的交易对

手方

A. Ⅰ、Ⅱ、Ⅲ

B. Ⅱ、Ⅲ、Ⅳ

C. Ⅰ、Ⅱ、Ⅳ

D. Ⅰ、Ⅱ、Ⅲ、Ⅳ

答案：A

知识点：协议转让方式；见教材第七章第三节 P150。

18. 全国股转系统挂牌股票转让可采取协议方式，而协议转让主要采用三种成交方式，分别是（　　）。

Ⅰ. 成交确认委托

Ⅱ. 点击成交

Ⅲ. 互报成交确认申报

Ⅳ. 收盘自动匹配成交

A. Ⅰ、Ⅱ、Ⅲ

B. Ⅱ、Ⅲ、Ⅳ

C. Ⅰ、Ⅱ、Ⅳ

D. Ⅰ、Ⅱ、Ⅲ、Ⅳ

答案：B

知识点：协议转让方式；见教材第七章第三节 P150。

19. 股票采取做市转让方式可给挂牌公司带来多方面的积极影响，集中表现在（　　）。

Ⅰ. 做市商为挂牌公司提供相对专业和公允的估值服务和报价服务

Ⅱ. 为挂牌公司引入外部投资者、申请银行贷款、进行股权质押融资等提供重要的定价参考

Ⅲ. 有助于提高投融资效率，为挂牌公司融资、并购等创造更为便利的条件

Ⅳ. 促进投资循环，保持资金流动性

A. Ⅰ、Ⅱ、Ⅳ

B. Ⅱ、Ⅲ、Ⅳ

C. Ⅰ、Ⅱ、Ⅲ

D. Ⅰ、Ⅱ、Ⅲ、Ⅳ

答案：C

知识点：做市转让方式；见教材第七章第三节 P150。

20. 未在交易所上市的公司股权转让，需要符合我国法律对公司股权转让的相关规定，以并购方式实现退出的程序，可分为 6 个步骤，下列说法正确的是（　　）。

Ⅰ. 股权转让交易双方协商并达成初步意向

Ⅱ. 受让方对目标公司进行尽职调查

Ⅲ. 转让方与受让方谈判并签署股权转让协议

Ⅳ. 向证券业协会申请公司变更登记

A. Ⅰ、Ⅱ、Ⅲ

B. Ⅰ、Ⅱ、Ⅳ

C. Ⅰ、Ⅲ、Ⅳ

D. Ⅱ、Ⅲ、Ⅳ

答案：A

知识点：并购退出的分类和步骤；见教材第七章第四节 P151～P152。

21. 股权回购通常可以分为三类，分别是（　　　）。

Ⅰ. 控股股东回购

Ⅱ. 管理层回购

Ⅲ. 员工收购

Ⅳ. 回购退出

A. Ⅰ、Ⅱ、Ⅲ

B. Ⅰ、Ⅲ、Ⅳ

C. Ⅱ、Ⅲ、Ⅳ

D. Ⅰ、Ⅱ、Ⅲ、Ⅳ

答案：A

知识点：回购退出的类别和流程；见教材第七章第四节 P152。

22. 下列关于股权回购的说法中正确的有（　　　）。

Ⅰ. 控股股东回购，是指被投资企业的控股股东在回购条件满足时自筹资金回购股权投资基金所持有的股权（股份）

Ⅱ. 管理层回购（EBO），是指被投资企业的管理层在回购条件满足时自筹资金回购股权投资基金所持有的股权（股份），从而实现股权投资基金的退出

Ⅲ. 管理层回购（MBO），是指被投资企业的管理层在回购条件满足时自筹资金回购股权投资基金所持有的股权（股份），从而实现股权投资基金的退出

Ⅳ. 员工收购，是指目标公司的员工集体出资将股权投资基金所持有的股权（股份）收购，从而实现股权投资基金的退出

A. Ⅰ、Ⅱ、Ⅲ

B. Ⅰ、Ⅲ、Ⅳ

C. Ⅱ、Ⅲ、Ⅳ

D. Ⅰ、Ⅱ、Ⅳ

答案：B

知识点：回购退出的类别和流程；见教材第七章第四节 P152。

23. 股权回购的基本运作程序通常由四部分构成，分别是（　　）。

Ⅰ. 正式发起股权回购

Ⅱ. 执行

Ⅲ. 股权回购协商

Ⅳ. 变更登记

A. Ⅰ、Ⅱ、Ⅲ、Ⅳ

B. Ⅰ、Ⅲ、Ⅱ、Ⅳ

C. Ⅱ、Ⅲ、Ⅳ、Ⅰ

D. Ⅲ、Ⅰ、Ⅱ、Ⅳ

答案：B

知识点：回购退出的类别和流程；见教材第七章第四节 P152。

24. 下列关于清算退出的说法中，正确的有（　　）。

Ⅰ. 解散清算是公司因经营期满，或者因经营方面的其他原因致使公司不宜或者不能继续经营时，自愿或被迫宣告解散而进行的清算

Ⅱ. 通过解散清算方式退出的，股东收回全部投资的可能性极小，一般情况下甚至会损失全部投资

Ⅲ. 破产清算是指公司不能清偿到期债务，并且资产不足以清偿全部债务或者明显缺乏清偿能力时，公司被法院宣告破产，并由法院组织对公司进行的清算

Ⅳ. 股东会或者股东大会决议解散时公司应当进行解散清算

A. Ⅰ、Ⅱ、Ⅲ

B. Ⅰ、Ⅲ、Ⅳ

C. Ⅱ、Ⅲ、Ⅳ

D. Ⅰ、Ⅱ、Ⅳ

答案：B

知识点：清算退出的主要方式；见教材第七章第五节 P154。

25. 下列属于清算退出的流程的是（　　）。

Ⅰ. 清查公司财产、制订清算方案

Ⅱ. 了结公司债权、债务，处理公司未了结的业务

Ⅲ. 分配公司剩余财产

Ⅳ. 变更登记

A. Ⅰ、Ⅱ、Ⅳ

B. Ⅰ、Ⅱ、Ⅲ

C. Ⅱ、Ⅲ、Ⅳ

D. Ⅰ、Ⅱ、Ⅲ、Ⅳ

答案：B

知识点：清算退出的主要流程；见教材第七章第五节 P154～P155。

26. 了结公司债权、债务，处理公司未了结的业务是清算退出的流程之一，下列说法中正确的有（　　）。

Ⅰ. 清算期间，公司不得开展新的经营活动，但是公司清算组为了清算的目的，有权处理公司尚未了结的业务

Ⅱ. 收取公司债权，清算组应当及时向公司债务人要求清偿已经到期的公司债权

Ⅲ. 对于未到期的公司债权，应当尽可能要求债务人提前清偿，如果债务人不同意提前清偿的，清算组不能进行清收

Ⅳ. 公司清算组通过清理公司财产、编制资产负债表和财产清单，确认公司现有的财产和债权大于所欠债务，并且足以偿还公司全部债务时，应当按照法定的顺序向债权人清偿债务

A. Ⅰ、Ⅱ、Ⅳ

B. Ⅰ、Ⅲ、Ⅳ

C. Ⅱ、Ⅲ、Ⅳ

D. Ⅰ、Ⅱ、Ⅲ、Ⅳ

答案：A

知识点：清算退出的主要流程；见教材第七章第五节 P154。

第八章 股权投资基金的内部管理

一、单项选择题（以下各小题所给出的 4 个选项中，只有 1 项最符合题目要求，请将正确选项的代码填入括号内，不填、错填均不得分）

1. 投资者基金管理是（　　）的战略管理职责。

A. 基金托管人

B. 基金份额持有人

C. 基金销售机构

D. 基金管理人

答案：D

知识点：投资者关系管理的概念；见教材第八章第一节 P159。

2. 股权投资基金的募集阶段，基金管理人与投资者互动的重点不包括（　　）。

A. 帮助投资者对基金管理人进行充分调研

B. 帮助投资者充分理解股权投资基金的协议约定

C. 介绍股权投资基础知识

D. 介绍股权投资基金托管人基本情况

答案：D

知识点：基金募集期间与投资者互动的重点内容；见教材第八章第一节 P160 ～ P161。

3. 公司型股权投资基金的增资或减资，需通过（　　）决议。

A. 监事会

B. 股东会和监事会

C. 董事会和监事会

D. 董事会和股东会

答案：D

知识点：公司型股权基金的增资、减资；见教材第八章第二节 P163。

4. 有限责任公司型股权投资基金作出增资或者减资决议，必须经代表（　　）表决权的股东通过。

A. 全体

B. 2/3 以上

C. 1/3 以上

D. 1/2 以上

答案：B

知识点：公司型股权基金的增资、减资；见教材第八章第二节 P163。

5. 股份有限公司型股权投资基金作出增资或者减资决议，必须经出席股东大会（股东会）的股东所持表决权的（　　）通过。

A. 全体

B. 2/3 以上

C. 1/3 以上

D. 1/2 以上

答案：B

知识点：公司型股权基金的增资、减资；见教材第八章第二节 P163。

6. 有限责任公司型股权投资基金投资者对外转让股权，一般需（　　）其他股东的同意。

A. 全体

B. 2/3 以上

C. 1/3 以上

D. 1/2 以上

答案：D

知识点：公司型股权基金的股权/股份转让；见教材第八章第二节 P164。

7. 公司型股权投资基金收益分配，须经（　　）决议通过。

A. 投资者

B. 董事会

C. 证监会

D. 股东大会

答案：D

知识点：公司型股权投资基金的收益分配；见教材第八章第二节 P164。

8. 公司型股权投资基金设立，应向（　　）办理注册登记手续。

A. 基金业协会

B. 工商行政管理机关

C. 证监会

D. 证券登记结算公司

答案：B

知识点：公司型股权投资基金的清算；见教材第八章第二节 P164。

9. 合伙型股权投资基金新增合伙人需（　　）合伙人同意（合伙协议另有约定除外），并订立入伙协议。

A. 全体

B. 2/3 以上

C. 1/3 以上

D. 1/2 以上

答案：A

知识点：合伙型股权投资基金的入伙／增加出资、退伙／减少出资；见教材第八章第二节 P165。

10. 合伙协议未对合伙型股权投资基金利润分配、亏损分担作出约定的，首先应由合伙人（　　）。

A. 按照计划出资比例分配、分担

B. 平均分配、分担

C. 协商决定

D. 按照实缴出资比例分配、分担

答案：C

知识点：合伙型股权投资基金的收益分配；见教材第八章第二节 P165。

11. 合伙型股权投资基金合伙人的权益以（　　）登记确认的为准。

A. 基金业协会

B. 证监会

C. 工商行政管理机关

D. 证券业协会

答案：C

知识点：合伙型股权投资基金的清算；见教材第八章第二节 P166。

12. 关于合伙型股权投资基金的增资、退出、权益分配与清算退出等操作，下列说法有误的是（　　）。

A. 清算期间，合伙型股权投资基金存续，仍可开展与清算无关的经营活动

B. 合伙型股权投资基金增加出资、减少出资、合伙人变更，应向工商行政管理机关办理工商变更登记、注销手续

C. 终止清算时，应向工商行政管理机关办理工商变更登记、注销手续

D. 合伙人权益的变更需要办理工商变更登记手续

答案：A

知识点：合伙型股权投资基金的清算；见教材第八章第二节 P166。

13. 信托（契约）型股权投资基金的认缴出资是通过（　　）约定的。

A. 公司章程

B. 管理层

C. 基金合同

D. 合伙协议

答案：C

知识点：信托（契约）型股权投资基金的申购、赎回；见教材第八章第二节 P166。

14. 信托（契约）型股权投资基金的收益分配原则由（　　）、基金投资者及其他合同当事人（若有）约定。

A. 基金公司

B. 基金托管人

C. 基金业协会

D. 基金管理人

答案：D

知识点：信托（契约）型股权投资基金的收益分配；见教材第八章第二节 P167。

15. 下列关于契约型股权投资基金的基金管理人办理股权投资基金的份额登记事项的说法中，正确的有（　　）。

A. 只可自行办理

B. 只可委托基金服务机构代为办理

C. 不可自行办理

D. 可自行办理，也可委托基金服务机构代为办理

答案：D

知识点：信托（契约）型股权投资基金的份额转让；见教材第八章第二节 P167。

16. 契约型股权投资基金的基金财产进行清算时，下列说法不正确的是（　　）。

A. 基金管理人负责组织清算小组进行清算

B. 清算小组由基金管理人、基金托管人以及相关中介服务机构组成

C. 清算分配方案由合伙协议进行约定

D. 清算小组应编制清算报告，并向基金投资者进行披露

答案：C

知识点：信托（契约）型股权投资基金的清算；见教材第八章第二节 P167。

17. 股权投资基金的（　　），是指通过对基金所持有的全部资产及应承担的全部负债按一定的原则和方法进行评估与计算，最终确定基金资产净值的过程。

A. 分配

B. 清算

C. 变现

D. 估值

答案：D

知识点：基金估值的概念；见教材第八章第三节 P168。

18. 基金资产净值 = （   ）。

A. 项目价值总和 + 其他资产价值 – 基金费用等负债

B. 项目价值总和 + 其他资产价值 + 基金费用等负债

C. 项目价值总和 + 其他资产价值 – 基金成本

D. 项目价值总和 + 其他资产价值 + 基金成本

答案：A

知识点：基金估值的概念；见教材第八章第三节 P168。

19. 假设某股权投资基金已投资三个股权项目甲、乙、丙，甲项目当前项目价值为 2 亿元，乙项目当前项目价值为 3 亿元，丙项目当前项目价值为 1.5 亿元。除此之外，基金资产还包括 5000 万元的银行存款，已产生的应付未付管理费用、托管费用等负债总金额 2000 万元。则当前的基金资产净值为（   ）亿元。

A. 6.8

B. 7.8

C. 8.8

D. 9.8

答案：A

知识点：基金估值的概念；见教材第八章第三节 P168。

20. （   ）是指市场参与者在计量日发生的有序交易中，出售一项资产所能收到或者转移一项负债所需支付的价格。

A. 市场价值

B. 公允价值

C. 现值

D. 账面价值

答案：B

知识点：公允价值的概念；见教材第八章第三节 P169。

21. 国内外最为普遍使用的股权投资基金估值方法不包括（   ）。

A. 推理法

B. 成本法

C. 市场法

D. 收入法

答案：A

知识点：股权投资基金的常用估值方法；见教材第八章第三节 P169。

22. 对于股权投资基金估值，使用的市场法不包括（　　）。

A. 近期投资价格法

B. 行业估值基准

C. 现金折现法

D. 乘数法

答案：C

知识点：股权投资基金的常用估值方法；见教材第八章第三节 P169。

23. 基金财务会计报告说法错误的是（　　）。

A. 股权投资基金管理人应及时编制并对外提供真实、完整的基金财务会计报告

B. 财务会计报告分为月度、年度财务会计报告

C. 基金托管人对基金管理人编制的财务报告的相关内容负有复核义务

D. 基金财务会计报告包括会计报表附注等

答案：B

知识点：基金的财务报告；见教材第八章第三节 P172。

24. 业绩报酬是基金管理人在基金获得超额收益后可以获得的投资收益分成，分成比例由（　　）通过协商确定。

A. 基金托管人和基金投资者

B. 基金管理人和基金投资者

C. 基金管理人和基金托管人

D. 基金销售机构和基金管理人

答案：B

知识点：收益分配的基本概念、业绩报酬、瀑布式的收益分配体系、门槛收益率、追赶机制、回拨机制；见教材第八章第四节 P172。

25. 股权投资基金的业绩报酬（　　）进行核算。

A. 只能按照单个投资项目

B. 只能按照股权投资基金整体

C. 可以按照重要投资项目或股权投资基金整体

D. 可以按照单个投资项目或股权投资基金整体

答案：D

知识点：收益分配的基本概念、业绩报酬、瀑布式的收益分配体系、门槛收益率、追赶机制、回拨机制；见教材第八章第四节 P174。

26. 在照单一项目分配的模式下，为保障投资者相关利益，可应用（　　）。

A. 风险对冲机制

B. 绿鞋机制

C. 回拨机制

D. 风险决策机制

答案：C

知识点：收益分配的方式：按照单一项目分配、按照基金整体分配；见教材第八章第四节 P175。

27. 基金收益分配的第一个环节是（　　）。

A. 偿还债务

B. 向投资者返还投资本金

C. 向投资者支付约定的优先收益

D. 剩余收益按照约定的比例在股东之间进行分配

答案：B

知识点：收益分配的方式，按照单一项目分配、按照基金整体分配；见教材第八章第四节 P175。

28. 股权投资基金的（　　），是指在基金存续期限面临终止的情况下，相关主体按照法律法规规定和基金合同约定的方式、程序对基金的资产、负债、权益等进行全面的清理和处置的行为。

A. 分配

B. 清算

C. 变现

D. 估价

答案：B

知识点：清算的含义；见教材第八章第四节 P176。

29. 股权投资基金清算的原因不包括（　　）。

A. 基金份额持有人大会决定基金清算

B. 基金全部投资项目都已经实现清算退出，且按照约定基金管理人决定不再进行重复投资

C. 过半数合伙人决定基金清算

D. 基金合同约定的存续期届满

答案：C

知识点：清算的主要原因；见教材第八章第四节 P176。

30. 下列关于确定清算主体的说法中，有误的是（　　）。

A. 有限责任公司的清算组由股东组成

B. 股份有限公司的清算组由董事或者股东大会确定的人员组成

C. 合伙型股权投资基金的清算人由全体合伙人担任；经全体合伙人同意，可以指定一个或者数个合伙人，或者委托第三人担任清算人

D. 信托（契约）型股权投资基金的清算由清算小组负责

答案：C

知识点：清算的主要程序；见教材第八章第四节 P176。

31. 股权投资基金的（　　），是指相关义务人按照法律法规、自律规则的规定与基金合同的约定，在基金募集、投资、运营等一系列环节中，向基金投资者进行的信息披露行为。

A. 分配

B. 清算

C. 变现

D. 信息披露

答案：D

知识点：信息披露的定义及目的；见教材第八章第五节 P177。

32. 下列不属于基金信息披露的作用的是（　　）。

A. 有利于基金投资者作出理性判断

B. 有利于防范利益输送与利益冲突

C. 有利于促进股权投资基金市场的长期稳定

D. 长期发展不利于股权投资基金的市场稳定

答案：D

知识点：信息披露的作用；见教材第八章第五节 P178。

33. 基金信息披露内容上应遵循的原则不包括（　　）。

A. 准确性

B. 规范性

C. 完整性

D. 真实性

答案：B

知识点：披露内容应遵循的原则、披露形式应遵循的原则；见教材第八章第五节 P178～P179。

34. 下列关于基金信息披露原则的相关说法中，有误的是（　　）。

A. 基金信息披露需保障披露内容的真实性，这是基金信息披露最根本、最重要的原则

B. 在披露形式上，要求遵循准确性原则、易解性原则和易得性原则

C. 完整性原则要求基金信息披露必须对所有与基金相关的重要事项进行披露

D. 易得性原则要求信息披露义务人应当采用比较便捷的披露渠道和方式向基金投资者进行信息披露

答案：B

知识点：披露内容应遵循的原则、披露形式应遵循的原则；见教材第八章第五节 P178 ~ P180。

35. （　　）必须确保对当前所有的基金持有人进行全面披露，不得只向特定的对象进行局部披露。

A. 准确性原则

B. 全面性原则

C. 完整性原则

D. 公平披露原则

答案：D

知识点：披露内容应遵循的原则、披露形式应遵循的原则；见教材第八章第五节 P180。

36. 信息披露义务人不包括（　　）。

A. 基金份额持有人

B. 基金管理人

C. 基金托管人

D. 中国证监会规定的负有信息披露义务的法人

答案：A

知识点：信息披露义务人及披露的内容；见教材第八章第五节 P180。

37. 按照股权投资基金信息披露的（　　）原则，信息披露义务人应当将基金各项重要事项进行全面、完整的披露。

A. 准确性

B. 规范性

C. 完整性

D. 全面性

答案：C

知识点：信息披露义务人及披露的内容；见教材第八章第五节 P179。

38. 股权投资基金运行期间，信息披露义务人应当及时披露的定期信息包括（　　）。

A. 月度、季度

B. 月度、年度

C. 半年度、年度

D. 季度、年度

答案：D

知识点：募集期的信息披露、运作期的定期披露、运作期的临时披露；见教材第八章第五节 P181。

39. 股权投资基金运作期间发生的重大事项不包括（　　）。

A. 股权投资基金发生重大损失

B. 股权投资基金管理费率或托管费率变更

C. 基金投资者地址信息变更

D. 基金管理人和托管人发生重大事项变更

答案：C

知识点：募集期的信息披露、运作期的定期披露、运作期的临时披露；见教材第八章第五节 P181。

40. 基金托管的基本原则不包括（　　）。

A. 保密性原则

B. 合规性原则

C. 安全性原则

D. 规范性原则

答案：D

知识点：基金托管的具体职责内容；见教材第八章第六节 P183。

41. 在协议约定的托管权限范围内，根据国家法律法规规定和基金合同的要求履行托管职责属于基金托管的（　　）。

A. 保密性原则

B. 合规性原则

C. 安全性原则

D. 规范性原则

答案：B

知识点：基金托管的具体职责内容；见教材第八章第六节 P183。

42. 股权投资基金托管人不具有（　　）职责。

A. 运作股权基金

B. 开展投资监督

C. 对基金履行安全保管财产

D. 办理清算交割

答案：A

知识点：基金托管的具体职责内容；见教材第八章第六节 P184。

43. 下列有关基金托管的服务内容的说法中，有误的是（　　）。

A. 基金管理人通过对基金所拥有的全部资产以及所有负债按一定的原则和方法进行核算，从而确定资产价值并编制基金估值表

B. 信息披露是托管人的首要职责

C. 不同基金财产的债权债务不得相互抵销

D. 托管人按照规定对基金管理人的会计核算结果进行复核

答案：B

知识点：基金托管的具体职责内容；见教材第八章第六节 P184。

44. （   ）是股权投资基金托管的基础服务。

A. 资产清算

B. 投资监督

C. 信息披露

D. 资产保管

答案：D

知识点：基金托管的具体职责内容；见教材第八章第六节 P184。

45. 下列关于基金服务业务的发展背景说法正确的是（   ）。

A. 股权投资基金的运作管理应向着"重资产、轻投研"的方向发展

B. 2013 年修订的《证券投资基金法》生效以前，基金服务机构及私募投资基金都未取得正式的法律地位及认可，基金服务业务也未形成规模

C. 2014 年修订的《证券投资基金法》首次提出了基金服务机构的概念，同时包括股权投资基金在内的私募投资基金也具有了正式的法律地位

D. 中国证券投资基金业协会发布了基金服务业务的相关指引文件，标志着基金服务行业走上了新的发展台阶

答案：D

知识点：基金服务业务的发展背景；见教材第八章第七节 P185 ~ P186。

46. （   ）是指基金管理人将基金运作管理过程中部分支持性业务委托给基金服务机构的业务模式。

A. 投资顾问服务

B. 份额登记服务

C. 基金服务业务

D. 估值核算服务

答案：C

知识点：基金服务业务的定义；见教材第八章第七节 P186。

47. 份额登记服务的基本职责不包括（   ）。

A. 建立并管理投资者的基金账户

B. 开展基金会计核算、估值、报表编制

C. 负责基金份额的登记及资金结算

D. 保管投资者名册

答案：B

知识点：基金服务业务的主要服务内容；见教材第八章第七节P187。

48. （　　）是指基金服务机构代理基金管理人为股权投资基金办理基金份额登记过户、存管、结算等活动。

A. 信息技术系统服务

B. 份额登记服务

C. 基金募集服务

D. 估值核算服务

答案：B

知识点：基金服务业务的主要服务内容；见教材第八章第七节P187。

49. 下列关于基金管理人开展基金服务业务前的准备工作，说法错误的是（　　）。

A. 基金管理人委托基金服务机构开展服务前，应当对基金服务机构开展尽职调查

B. 了解其人员储备、业务隔离措施、软硬件设施、专业能力、诚信状况等情况

C. 无须与基金服务机构签订书面服务协议，明确双方的权利义务及违约责任

D. 需要与基金服务机构签订书面服务协议，明确双方的权利义务及违约责任

答案：C

知识点：基金管理人应当承担的职责；见教材第八章第七节P188。

50. 下列关于基金服务业务的具体要求的说法中，错误的是（　　）。

A. 基金服务机构破产或者清算时，基金服务业务所涉及的基金财产和投资者财产不属于其破产或清算财产

B. 基金服务机构应当对提供服务业务所涉及的基金财产和投资者财产实行严格的总账管理，确保基金财产和投资者财产的安全

C. 任何单位或者个人不得以任何形式挪用基金财产和投资者财产

D. 基金托管人不得被委托担任同一基金的基金服务机构

答案：B

知识点：基金服务业务中可能存在的利益冲突；见教材第八章第七节P188。

51. 下列关于基金业绩评价的意义说法错误的是（　　）。

A. 对基金投资者而言，了解股权投资基金管理人过去的历史业绩，是选择基金产品的重要参考依据之一

B. 通过对当前已投资基金的业绩进行横向比较，有利于基金管理人了解已投资基金在市场上的业绩水平，并对未来的回报水平进行一定的远期预测

C. 对股权投资基金管理人而言，对所管理的股权投资基金进行业绩评价，能够使管理人了解基金运营状况和可能存在的问题

D. 有利于管理人有针对性地开展投资组合的投资后管理工作，并对投资策略进行调整和完善

答案：B

知识点：基金业绩评价的意义；见教材第八章第八节 P189。

52. 下列关于基金业绩评价需考虑的因素的说法中，正确的是（　　）。

A. 创业投资基金所投资项目一般为成熟期企业，其商业模式较为成熟，盈利预期度较好，因此基金业绩通常比较稳定，较少出现大起大落

B. 并购基金风险和期望收益均较高，单一投资项目获得超高倍数回报或血本无归时有发生

C. 设立时间相同的基金之间难以进行业绩比较

D. 在不同时点的估值或退出可能会使基金估值或现金流产生较大波动，从而使基金的业绩指标发生变化

答案：D

知识点：投资领域因素、时间因素；见教材第八章第八节 P190。

53. （　　）是指截至某一特定时点，倒推计算至基金成立后第一笔现金流产生时，基金资金流入现值加上资产净值现值总额与资金流出现值总额相等，即净现值等于零时的折现率。

A. 内部收益率

B. 已分配收益倍数

C. 总收益倍数

D. 平均数

答案：A

知识点：内部收益率、已分配收益倍数、总收益倍数；见教材第八章第八节 P190 ~ P191。

54. （　　）是指截至某一特定时点，投资者已从基金获得的分配金额总和与投资者已向基金缴款金额总和的比率，体现了投资者现金的回收情况。

A. 内部收益率

B. 已分配收益倍数

C. 总收益倍数

D. 平均数

答案：B

知识点：内部收益率、已分配收益倍数、总收益倍数；见教材第八章第八节 P192。

55. （　　）是指截至某一特定时点，投资者已从基金获得的分配金额加上资产净值与投资者已向基金缴款金额总和的比率，体现了投资者的账面回报水平。

A. 内部收益率

B. 已分配收益倍数

C. 总收益倍数

D. 平均数

答案：C

知识点：内部收益率、已分配收益倍数、总收益倍数；见教材第八章第八节P192。

56. 由于计算口径的不同，基金的内部收益率又分为毛内部收益率和净内部收益率。（　　）为计算基金项目投资和回收现金流的内部收益率，反映基金投资项目的回报水平；（　　）为计算投资者出资和分配现金流的内部收益率，反映投资者投资基金的回报水平。

A. 毛内部收益率；毛内部收益率

B. 毛内部收益率；净内部收益率

C. 净内部收益率；净内部收益率

D. 净内部收益率；毛内部收益率

答案：B

知识点：内部收益率、已分配收益倍数、总收益倍数；见教材第八章第八节P191。

57. （　　）是指股权投资基金管理人为防范和化解风险，保证各项业务的合法合规运作，实现经营目标，在充分考虑内外部环境的基础上，对经营过程中的风险进行识别、评价和管理的制度安排、组织体系和控制措施。

A. 股权投资基金的投资

B. 股权投资基金的项目退出

C. 股权投资基金的内部管理

D. 股权投资基金管理人内部控制

答案：D

知识点：基金管理人内部控制的概念、内部控制的含义；见教材第八章第九节P194。

58. 下列关于基金管理人内部控制的说法中，错误的是（　　）。

A. 内部控制系统的目标是促进组织目标的实现，所有的组织活动和控制行为必须以促进实现个人的最高目标为依据

B. 基金管理人必须服从法律法规、职业道德规则以及利益相关方之间的竞争因素等所施加的外部控制

C. 内部控制系统必须保证基金管理人遵循各项相关的法律法规和行业监管规则，引

导所有员工形成自觉的规范运作理念

D. 任何组织都有其特定的目标，要有效实现组织的目标，就必须及时对构成组织的资源（财产、人力、知识、信息等）进行合理的组织、整合与利用

答案：A

知识点：内部控制的作用；见教材第八章第九节 P195。

59. 下列关于管理人内部控制的说法正确的是（　　）。

A. 内部风险主要来自法律法规、经济、社会、文化与自然等方面

B. 外部风险主要来自决策失误、执行不力、操作风险等

C. 内部控制的目标是在一定的范围内降低或消除经营风险，提高基金管理人的经营效益

D. 为了能规避经营风险，企业应建立完善的内部控制体系，其中包括风险评估机制，这里的风险是指外部风险

答案：C

知识点：内部控制的作用；见教材第八章第九节 P195。

60. 进行管理人内部控制可以确保基金和基金管理人的财务和其他信息真实、准确、完整、及时，其原因说法正确的是（　　）。

A. 基金管理人以及项目负责人可能利用信息不对称发生道德风险和逆向选择，从而使基金财产遭受损失

B. 股权投资本身存在信息不对称问题，投资者很难通过管理人提供的信息全面了解并判断基金投资运作的真实情况

C. 管理者需要利用信息来监督和控制组织行为

D. 基金管理人在市场经济环境中难免会遇到各种风险

答案：C

知识点：内部控制的作用；见教材第八章第九节 P195。

61. 管理人内部控制的原则包括全面性原则、相互制约原则、（　　）以及适时性原则。

A. 执行有效原则

B. 独立性原则

C. 成本效益原则

D. 以上都是

答案：D

知识点：全面性原则、相互制约原则、执行有效原则、独立性原则、成本效益原则、适时性原则；见教材第八章第九节 P196～P198。

62. 内部控制的有效性是指内部控制必须讲求效率和效果，所有的控制制度必须得

到贯彻执行。下列说法正确的是（　　）。

A. 内部控制应当约束基金管理人内部涉及基金管理工作的所有人员，部分人不得拥有超越内部控制的权利

B. 在企业内部，任何个人无论权力多大、位置多高，都不能凌驾于内部控制制度行事，但可以对既定的内部控制制度"绕弯"执行

C. 基金管理人所实施的内部控制政策与措施无须适应基金监管的法律法规要求

D. 进行基金管理人内部控制的前提是保证设计完整、合理

答案：D

知识点：全面性原则、相互制约原则、执行有效原则、独立性原则、成本效益原则、适时性原则；见教材第八章第九节P197。

63. 各部门和岗位职责应当保持相对独立，基金财产、管理人固有财产、其他财产的运作应当分离。下列说法错误的是（　　）。

A. 在设置岗位时必须考虑到授权岗位和执行岗位的分离、执行岗位和审核岗位的分离、保管岗位和记账岗位的分离

B. 通过不相容职责的划分，保证各部门和人员之间的独立性，防止员工的"合谋"舞弊行为

C. 责任和权力是岗位责任原则中的关键因素，有什么样的岗位责任，就要赋予此岗位完成任务所必需的权力，切忌出现岗位职责不明确、权力不清楚的现象

D. 基金管理人可能管理自有资产、基金资产和其他资产，这些资产之间不会存在利益输送或利益冲突

答案：D

知识点：全面性原则、相互制约原则、执行有效原则、独立性原则、成本效益原则、适时性原则；见教材第八章第九节P197。

64. 管理人内部控制的要素由内部环境、（　　）和内部监督构成。

A. 风险评估

B. 控制活动

C. 信息与沟通

D. 以上都是

答案：D

知识点：内部环境、风险评估、控制活动、信息与沟通、内部监督；见教材第八章第九节P198～P199。

65. 管理人内部控制的要素由内部环境、风险评估、控制活动、信息与沟通和内部监督构成，下列说法错误的是（　　）。

A. 内部环境包括经营理念和内控文化、治理结构、组织结构、人力资源政策和员

工道德素质等，是实施内部控制的基础

B. 基金管理人应当制定切实有效的应急应变措施，建立危机处理机制和程序，其中包括信息泄密、交易程序故障等紧急事件发生后的应变措施

C. 在公司管理和基金运作中各部门应保持共同向管理层报告的渠道

D. 基金管理人应当建立有效的内部监控制度，设置专职负责合规风控的高管，对公司内部控制制度的执行情况进行持续的监督，保证内部控制制度落实

答案：C

知识点：内部环境、风险评估、控制活动、信息与沟通、内部监督；见教材第八章第九节 P198 ~ P199。

66. 基金的控制活动是指根据风险评估结果，采用相应的控制措施，将风险控制在可承受范围之内，下列说法正确的是（　　）。

A. 基金资产与管理人自有资产、不同基金的资产和其他委托资产无需实行独立运作与分别核算

B. 基金管理人应当建立科学、严格的岗位分离制度，明确划分各岗位职责

C. 基金会计和管理人财务核算会计等重要岗位可以有人员的重叠，重要业务部门和岗位应当进行物理隔离

D. 控制活动是实施内部控制的基础

答案：B

知识点：内部环境、风险评估、控制活动、信息与沟通、内部监督；见教材第八章第九节 P199。

67. 内部环境包括经营理念和内控文化、治理结构、组织结构、人力资源政策和员工道德素质等，是管理人内部控制的要素之一，下列说法正确的是（　　）。

A. 基金管理人应当建立有效的内部监控制度，设置专职负责合规风控的高管，对公司内部控制制度的执行情况进行持续的监督，保证内部控制制度落实

B. 管理人应当定期评价内部控制的有效性，根据市场环境、新的金融工具、新的技术应用和新的法律法规等情况适时改进

C. 基金管理人应当维护信息沟通渠道的畅通，建立清晰的报告系统。管理层有责任保证所有员工得到充分、最新的规章制度以及应该得知的信息

D. 以上都是

答案：D

知识点：内部环境、风险评估、控制活动、信息与沟通、内部监督；见教材第八章第九节 P199。

68. 股权投资基金管理人应建立健全外包业务控制，并至少每年开展（　　）全面的外包业务风险评估。

A. 一次

B. 两次

C. 三次

D. 四次

答案：A

知识点：内部控制活动要求；见教材第八章第九节 P200～P201。

69. 下列关于管理人内部控制的主要控制活动要求的说法中，正确的是（　　）。

A. 股权投资基金财产与股权投资基金管理人固有财产之间、不同股权投资基金财产之间、股权投资基金财产和其他财产之间无须实行独立运作与分别核算

B. 除基金合同另有约定外，基金财产应当由基金管理人托管，股权投资基金托管人应建立健全股权投资基金托管人遴选制度，切实保障资金安全

C. 基金合同约定股权投资基金不进行托管的，股权投资基金管理人无须建立保障股权投资基金财产安全的制度措施和纠纷解决机制

D. 股权投资基金管理人应建立健全相关机制，防范管理的各股权投资基金之间的利益输送和利益冲突，公平对待管理的各股权投资基金，保护投资者利益

答案：D

知识点：内部控制活动要求；见教材第八章第九节 P200。

二、组合型单项选择题（以下各小题所给出的 4 个选项中，只有 1 项最符合题目要求，请将正确选项的代码填入括号内，不填、错填、漏填均不得分）

1. 投资者关系管理的基本原则包括（　　）。

Ⅰ. 公正、公开

Ⅱ. 准确、及时

Ⅲ. 目的性

Ⅳ. 具有前瞻性

A. Ⅰ、Ⅱ、Ⅲ

B. Ⅱ、Ⅲ、Ⅳ

C. Ⅰ、Ⅲ、Ⅳ

D. Ⅰ、Ⅱ、Ⅳ

答案：D

知识点：投资者关系管理的概念；见教材第八章第一节 P159。

2. 投资者关系管理的意义包括（　　）。

Ⅰ. 有利于促进基金管理人与基金投资者之间的良性关系

Ⅱ. 有利于基金管理人建立稳定和优质的投资者基础，获得长期市场支持

Ⅲ. 有利于增加基金信息披露的透明度，实现基金管理人与投资者之间的有效信息沟通

Ⅳ. 有利于培养从业人员诚实守信、尽职尽责的良好道德操守的形成

A. Ⅰ

B. Ⅰ、Ⅱ

C. Ⅰ、Ⅱ、Ⅲ

D. Ⅰ、Ⅱ、Ⅲ、Ⅳ

答案：C

知识点：投资者关系管理的意义；见教材第八章第一节 P159～P160。

3. 股权投资基金的募集阶段，基金管理人与投资者进行互动交流的资料包括（　　）。

Ⅰ. 基金募集推介资料

Ⅱ. 定期基金报告

Ⅲ. 风险调查问卷

Ⅳ. 基金合同

A. Ⅰ、Ⅱ、Ⅲ

B. Ⅰ、Ⅱ、Ⅳ

C. Ⅰ、Ⅲ、Ⅳ

D. Ⅰ、Ⅱ、Ⅲ、Ⅳ

答案：C

知识点：基金募集期间与投资者互动的重点内容；见教材第八章第一节 P161。

4. 在股权投资基金的运行阶段，基金管理人与投资者互动的重点包括（　　）。

Ⅰ. 基金管理人发布定期报告

Ⅱ. 基金管理人召集基金年度会议

Ⅲ. 基金管理人告知重大事项

Ⅳ. 基金管理人反馈投资者的需求

A. Ⅰ、Ⅱ、Ⅲ

B. Ⅰ、Ⅱ、Ⅳ

C. Ⅱ、Ⅲ、Ⅳ

D. Ⅰ、Ⅱ、Ⅲ、Ⅳ

答案：D

知识点：基金运作期间与投资者互动的重点内容；见教材第八章第一节 P161～P162。

5. 下列说法正确的有（　　）。

Ⅰ. 股权投资基金的募集阶段，投资者互动的重点包括开展投资者风险教育

Ⅱ. 股权投资基金的运行阶段，基金管理人主要通过向投资者全面、准确地披露股权投资基金的各项募集业务文件等与投资者进行互动交流

Ⅲ. 一般情况下，按照基金合同约定，基金管理人每年至少召开一次年度投资者会议

Ⅳ. 定期报告是投资者了解基金运作状况的一个重要途径

A. Ⅰ、Ⅱ

B. Ⅰ、Ⅱ、Ⅲ

C. Ⅰ、Ⅲ、Ⅳ

D. Ⅰ、Ⅱ、Ⅲ、Ⅳ

答案：C

知识点：基金运作期间与投资者互动的重点内容；见教材第八章第一节 P160 ~ P162。

6. 有限责任公司型股权投资基金应按（　　）顺序进行基金清算。

Ⅰ. 支付清算费用、职工工资、社会保险费用和法定补偿金

Ⅱ. 清偿公司债务

Ⅲ. 按照股东的出资比例向股东分配

Ⅳ. 缴纳所欠税款

A. Ⅰ、Ⅱ、Ⅲ、Ⅳ

B. Ⅱ、Ⅰ、Ⅲ、Ⅳ

C. Ⅱ、Ⅰ、Ⅳ、Ⅲ

D. Ⅰ、Ⅳ、Ⅱ、Ⅲ

答案：D

知识点：公司型股权投资基金的清算；见教材第八章第二节 P164。

7. 关于合伙型股权投资基金合伙人的份额转让，下列说法错误的有（　　）。

Ⅰ. 合伙人向其他合伙人转让财产份额，不会导致合伙人的增加，但会破坏原有合伙人之间的信任关系

Ⅱ. 合伙人向其他合伙人以外的第三人转让财产份额，一般需要经过其他合伙人过半数同意

Ⅲ. 同等条件下其他合伙人对财产份额的转让享有优先购买权

Ⅳ. 合伙人之间不需要办理份额转让手续

A. Ⅰ、Ⅱ、Ⅲ

B. Ⅰ、Ⅱ、Ⅳ

C. Ⅰ、Ⅲ、Ⅳ

D. Ⅰ、Ⅱ、Ⅲ、Ⅳ

答案：B

知识点：合伙型股权投资基金的财产份额转让；见教材第八章第二节 P165。

8. 关于我国股权投资基金的权益分配，下列说法正确的是（　　）。

Ⅰ. 有限责任公司型股权投资基金的投资者按实际持有的份额比例分红

Ⅱ. 契约型股权投资基金的收益分配按照基金合同的约定办理

Ⅲ. 合伙型股权投资基金的收益分配方式，应当依照合伙协议的约定办理

Ⅳ. 股份有限公司型股权投资基金按照股东实际持有的份额比例分红

A. Ⅰ、Ⅱ、Ⅲ

B. Ⅰ、Ⅱ、Ⅳ

C. Ⅱ、Ⅲ、Ⅳ

D. Ⅰ、Ⅱ、Ⅲ、Ⅳ

答案：D

知识点：合伙型股权投资基金的收益分配；见教材第八章第二节 P164 ~ P167。

9. 一般地，合伙型股权投资基金应当解散的情形包括（　　）。

Ⅰ. 过半数合伙人决定解散的

Ⅱ. 全部投资项目到期退出的

Ⅲ. 合伙型股权投资基金存续期届满且合伙人决定不再经营的

Ⅳ. 法律、行政法规及合伙协议约定的其他解散事由

A. Ⅰ、Ⅱ、Ⅲ

B. Ⅰ、Ⅱ、Ⅳ

C. Ⅱ、Ⅲ、Ⅳ

D. Ⅰ、Ⅱ、Ⅲ、Ⅳ

答案：C

知识点：合伙型股权投资基金的清算；见教材第八章第二节 P166。

10. 基金估值的原则包括（　　）。

Ⅰ. 若投资项目属于存在活跃市场的投资品种，则应当采用活跃市场的市价确定该投资项目的公允价值

Ⅱ. 若投资项目无相应的活跃市场，则应采用市场参与者普遍认同，且被以往市场实际交易价格验证具有可靠性的估值方法确定公允价值

Ⅲ. 有充足理由表明按以上估值原则仍不能客观反映相关投资项目的公允价值的，基金管理人应在与相关当事人商定或咨询其他专业机构之后，按最能恰当地反映投资项目公允价值的价格估值

Ⅳ. 有充足理由表明按以上估值原则仍不能客观反映相关投资项目的公允价值的，

基金管理人可自行确定公允价值

A. Ⅰ、Ⅱ、Ⅲ

B. Ⅱ、Ⅲ、Ⅳ

C. Ⅰ、Ⅲ、Ⅳ

D. Ⅰ、Ⅱ、Ⅳ

答案：A

知识点：基金估值的原则；见教材第八章第三节 P168～P169。

11. 在基金估值过程中，对存在活跃市场的投资品种，下列说法正确的是（　　）。

Ⅰ. 如估值日有市价的，应采用市价确定公允价值

Ⅱ. 估值日无市价，但最近交易日经济环境未发生重大变化的，应采用最近交易市价确定公允价值

Ⅲ. 估值日无市价，且最近交易日后经济环境发生了重大变化的，应参考类似投资品种的现行市价及重大变化因素，采用估值技术，确定公允价值

Ⅳ. 有充足证据表明最近交易市价不能真实反映公允价值的，应对最近交易的市价进行调整，确定公允价值

A. Ⅰ、Ⅱ、Ⅲ

B. Ⅱ、Ⅲ、Ⅳ

C. Ⅰ、Ⅲ、Ⅳ

D. Ⅰ、Ⅱ、Ⅳ

答案：D

知识点：股权投资基金的常用估值方法；见教材第八章第三节 P170。

12. 股权投资基金在运作过程中，可能产生的费用包括（　　）。

Ⅰ. 筹建费用

Ⅱ. 第三方服务费用

Ⅲ. 管理费用

Ⅳ. 基金托管人的业绩报酬

A. Ⅰ、Ⅱ、Ⅲ

B. Ⅰ、Ⅱ、Ⅳ

C. Ⅰ、Ⅲ、Ⅳ

D. Ⅰ、Ⅱ、Ⅲ、Ⅳ

答案：A

知识点：基金的费用，管理费、托管费、与基金运作相关的其他费用；见教材第八章第三节 P170。

13. 基金的费用包括（　　）。

Ⅰ. 基金管理人的管理费

Ⅱ. 基金托管人的托管费

Ⅲ. 基金合同生效后的信息披露费用

Ⅳ. 与基金设立及运作过程相关的会计师费和律师费

A. Ⅰ、Ⅱ、Ⅲ

B. Ⅰ、Ⅱ、Ⅳ

C. Ⅱ、Ⅲ、Ⅳ

D. Ⅰ、Ⅱ、Ⅲ、Ⅳ

答案：D

知识点：基金的费用，管理费、托管费、与基金运作相关的其他费用；见教材第八章第三节 P170。

14. 关于股权投资基金运作过程中产生的管理费和托管费，下列选项有误的是（　　　）。

Ⅰ. 提取频率一般按照月度或季度提取

Ⅱ. 基金管理费是基金管理人因投资管理基金资产而向基金收取的费用

Ⅲ. 按照基金规模作为计算基数收取

Ⅳ. 基金托管费是基金托管人为基金提供托管服务而向基金收取的费用

A. Ⅰ、Ⅱ、Ⅲ

B. Ⅰ、Ⅱ、Ⅳ

C. Ⅱ、Ⅲ、Ⅳ

D. Ⅰ、Ⅱ、Ⅲ、Ⅳ

答案：C

知识点：基金的费用，管理费、托管费、与基金运作相关的其他费用；见教材第八章第三节 P171。

15. 股权投资基金会计核算的主要内容包括（　　　）。

Ⅰ. 资产核算

Ⅱ. 负债核算

Ⅲ. 损益核算

Ⅳ. 权益核算

A. Ⅰ、Ⅱ、Ⅲ

B. Ⅰ、Ⅱ、Ⅳ

C. Ⅱ、Ⅲ、Ⅳ

D. Ⅰ、Ⅱ、Ⅲ、Ⅳ

答案：D

知识点：基金的会计核算，包括资产核算、负债核算、损益核算、权益核算等；见教材第八章第三节 P171。

16. 下列关于基金会计核算的说法中，正确的有（　　）。

Ⅰ. 核算主体为基金

Ⅱ. 会计责任主体为基金托管人

Ⅲ. 基金会计核算是指收集、整理、加工有关基金投资运作的会计信息，准确记录基金资产变化情况，及时向相关各方提供财务数据的过程

Ⅳ. 会计责任主体应当对所管理的每只基金独立建账、独立核算

A. Ⅰ、Ⅱ、Ⅲ

B. Ⅰ、Ⅱ、Ⅳ

C. Ⅰ、Ⅲ、Ⅳ

D. Ⅱ、Ⅲ、Ⅳ

答案：C

知识点：基金的会计核算，包括资产核算、负债核算、损益核算、权益核算等；见教材第八章第三节 P171。

17. 基金财务会计报表包括（　　）。

Ⅰ. 资本利得表

Ⅱ. 资产负债表

Ⅲ. 净值变动表

Ⅳ. 利润表

A. Ⅰ、Ⅱ、Ⅲ

B. Ⅰ、Ⅱ、Ⅳ

C. Ⅰ、Ⅲ、Ⅳ

D. Ⅱ、Ⅲ、Ⅳ

答案：D

知识点：基金的财务报告；见教材第八章第三节 P172。

18. 下列关于基金收益分配的原则的说法中，正确的有（　　）。

Ⅰ. 首先向投资者返还投资本金

Ⅱ. 其次向投资者支付约定的优先利益

Ⅲ. 剩余收益按照约定的比例在股东之间进行分配

Ⅳ. 剩余收益按照约定的比例在管理人和投资者之间进行分配

A. Ⅰ、Ⅱ、Ⅲ

B. Ⅰ、Ⅱ、Ⅳ

C. Ⅰ、Ⅲ、Ⅳ

D. Ⅱ、Ⅲ、Ⅳ

答案：B

知识点：收益分配的方式：按照单一项目分配、按照基金整体分配；见教材第八章第四节 P175。

19. 基金信息披露的目的包括（   ）。

Ⅰ. 确保基金投资者实现盈利

Ⅱ. 增强基金运作的透明度

Ⅲ. 保障基金投资者的合法权益

Ⅳ. 实现基金信息的及时、真实、准确、完整的披露

A. Ⅰ、Ⅱ、Ⅲ

B. Ⅰ、Ⅱ、Ⅳ

C. Ⅰ、Ⅲ、Ⅳ

D. Ⅱ、Ⅲ、Ⅳ

答案：D

知识点：信息披露的定义及目的；见教材第八章第五节 P177～P178。

20. 基金信息披露内容应遵循的原则包括（   ）。

Ⅰ. 风险揭示原则

Ⅱ. 公平披露原则

Ⅲ. 完整性原则

Ⅳ. 及时性原则

A. Ⅰ、Ⅱ、Ⅲ

B. Ⅰ、Ⅱ、Ⅳ

C. Ⅱ、Ⅲ、Ⅳ

D. Ⅰ、Ⅱ、Ⅲ、Ⅳ

答案：D

知识点：披露内容应遵循的原则、披露形式应遵循的原则；见教材第八章第五节 P178～P179。

21. 在披露形式上，股权投资基金应遵循的原则不包括（   ）。

Ⅰ. 风险揭示原则

Ⅱ. 完整性原则

Ⅲ. 真实性原则

Ⅳ. 规范性原则

A. Ⅰ、Ⅱ、Ⅲ

B. Ⅰ、Ⅱ、Ⅳ

C. Ⅱ、Ⅲ、Ⅳ

D. Ⅰ、Ⅱ、Ⅲ、Ⅳ

答案：A

知识点：披露内容应遵循的原则、披露形式应遵循的原则；见教材第八章第五节 P178～P179。

22. 信息披露的内容有（　　）。

Ⅰ. 招募说明书等宣传推介文件

Ⅱ. 基金的资产负债情况

Ⅲ. 基金承担的费用和业绩报酬安排

Ⅳ. 涉及私募基金管理业务的重大诉讼

A. Ⅰ、Ⅱ、Ⅲ

B. Ⅰ、Ⅱ、Ⅳ

C. Ⅱ、Ⅲ、Ⅳ

D. Ⅰ、Ⅱ、Ⅲ、Ⅳ

答案：D

知识点：信息披露义务人及披露的内容；见教材第八章第五节 P180～P181。

23. 具体来说，股权投资基金的信息披露期间可分为（　　）。

Ⅰ. 募集期间的信息披露

Ⅱ. 运作期间的定期披露

Ⅲ. 退出前的信息披露

Ⅳ. 运作期间的临时披露

A. Ⅰ、Ⅱ、Ⅲ

B. Ⅰ、Ⅱ、Ⅳ

C. Ⅱ、Ⅲ、Ⅳ

D. Ⅰ、Ⅱ、Ⅲ、Ⅳ

答案：B

知识点：募集期的信息披露、运作期的定期披露、运作期的临时披露；见教材第八章第五节 P181。

24. 基金募集期间的信息披露包括（　　）。

Ⅰ. 基金报告期间的运作情况

Ⅱ. 基金的基本信息

Ⅲ. 基金的投资信息

Ⅳ. 基金的募集期限

A. Ⅰ、Ⅱ、Ⅲ

B. Ⅰ、Ⅱ、Ⅳ

C. Ⅱ、Ⅲ、Ⅳ

D. Ⅰ、Ⅱ、Ⅲ、Ⅳ

答案：C

知识点：募集期的信息披露、运作期的定期披露、运作期的临时披露；见教材第八章第五节 P181。

25. 基金的定期报告通常包括（　　　）。

Ⅰ. 基金当事人

Ⅱ. 基金的基本信息

Ⅲ. 基金项目退出情况

Ⅳ. 基金会计数据

A. Ⅰ、Ⅱ、Ⅲ

B. Ⅰ、Ⅱ、Ⅳ

C. Ⅱ、Ⅲ、Ⅳ

D. Ⅰ、Ⅱ、Ⅲ、Ⅳ

答案：D

知识点：募集期的信息披露、运作期的定期披露、运作期的临时披露；见教材第八章第五节 P181。

26. 下列关于基金托管的说法中，正确的有（　　　）。

Ⅰ. 在股权投资基金运作中引入基金托管制度，有利于基金财产的安全和投资者利益的保护

Ⅱ. 股权投资基金的托管人与基金管理人之间存在相互合作、相互监督、相互制衡的关系

Ⅲ. 公募基金及类属非公开募集基金的股权投资基金均强制要求托管

Ⅳ. 股权投资基金托管人由具有托管业务资格的商业银行或者其他金融机构担任

A. Ⅰ、Ⅱ、Ⅲ

B. Ⅰ、Ⅱ、Ⅳ

C. Ⅱ、Ⅲ、Ⅳ

D. Ⅰ、Ⅱ、Ⅲ、Ⅳ

答案：B

知识点：基金托管的含义、作用、资格取得及基本原则；见教材第八章第六节 P182。

27. 下列属于基金托管的作用的有（　　　）。

Ⅰ. 完善基金治理结构

Ⅱ.提升基金运作专业化水平

Ⅲ.保障基金资产的安全

Ⅳ.保护基金投资者利益

A. Ⅰ、Ⅱ、Ⅲ

B. Ⅰ、Ⅱ、Ⅳ

C. Ⅱ、Ⅲ、Ⅳ

D. Ⅰ、Ⅱ、Ⅲ、Ⅳ

答案：D

知识点：基金托管的含义、作用、资格取得及基本原则；见教材第八章第六节 P182～P183。

28.基金托管人应当履行的职责包括（　　）。

Ⅰ.安全保管基金财产

Ⅱ.按照规定开设基金财产的资金账户和证券账户

Ⅲ.按照规定召集基金份额持有人大会

Ⅳ.办理与基金托管业务活动有关的信息披露事项

A. Ⅰ、Ⅱ、Ⅲ

B. Ⅰ、Ⅱ、Ⅳ

C. Ⅱ、Ⅲ、Ⅳ

D. Ⅰ、Ⅱ、Ⅲ、Ⅳ

答案：D

知识点：基金托管的具体职责内容；见教材第八章第六节 P182。

29.基金服务业务的服务内容包括（　　）。

Ⅰ.基金募集

Ⅱ.投资顾问

Ⅲ.设计退出方案

Ⅳ.份额登记

A. Ⅰ、Ⅱ

B. Ⅱ、Ⅲ

C. Ⅰ、Ⅲ、Ⅳ

D. Ⅰ、Ⅱ、Ⅲ、Ⅳ

答案：D

知识点：基金服务业务的主要服务内容；见教材第八章第七节 P187。

30.估值核算服务的基本职责包括（　　）。

Ⅰ.开展基金会计核算、估值、报表编制

Ⅱ．相关业务资料的保存管理

Ⅲ．配合基金管理人聘请的会计师事务所进行审计

Ⅳ．建立并管理投资者的基金账户

A．Ⅰ、Ⅱ、Ⅲ

B．Ⅰ、Ⅱ、Ⅳ

C．Ⅱ、Ⅲ、Ⅳ

D．Ⅱ、Ⅳ

答案：A

知识点：基金服务业务的主要服务内容；见教材第八章第七节 P187。

31．基金服务业务的服务内容包括基金募集、投资顾问、份额登记、估值核算、信息技术系统等，下列说法正确的是（   ）。

Ⅰ．基金服务机构提供基金销售募集服务，应当取得相应的业务资质，并与基金管理人签订书面的代销协议，严格按照股权投资基金的销售募集流程进行基金募集

Ⅱ．提供投资顾问服务的机构，应当符合法律法规、监管机构规定的条件，并签订相关委托协议

Ⅲ．建立并管理投资者的基金账户是估值核算服务的基本职责

Ⅳ．中国证券投资基金业协会为基金服务机构办理登记不构成对基金服务机构服务能力、持续合规情况的认可，不作为对基金财产和投资者财产安全的保证

A．Ⅰ、Ⅱ、Ⅲ

B．Ⅰ、Ⅱ、Ⅳ

C．Ⅱ、Ⅲ、Ⅳ

D．Ⅱ、Ⅳ

答案：B

知识点：基金服务业务的主要服务内容；见教材第八章第七节 P187。

32．下列关于基金服务业务中基金管理人应承担的责任的说法中，错误的有（   ）。

Ⅰ．基金管理人应当在业务开展前进行业务准备，审慎地选择基金服务机构，在业务开展过程中持续评估基金服务机构的服务能力

Ⅱ．基金管理人依法应当承担的职责不能因为委托而免除

Ⅲ．基金管理人委托基金服务机构开展服务后，应当对基金服务机构开展尽职调查

Ⅳ．基金管理人选择基金服务机构并开始开展基金服务业务之前，应当建立对基金服务机构的持续评估机制，并定期对基金服务机构的业务开展情况进行检查

A．Ⅰ、Ⅱ

B．Ⅲ、Ⅳ

C．Ⅰ、Ⅱ、Ⅲ

D．Ⅰ、Ⅱ、Ⅳ

答案：B

知识点：基金管理人应当承担的职责；见教材第八章第七节 P188。

33．在开展基金服务业务的各个阶段，基金管理人应关注基金服务机构是否存在与提供基金服务相冲突的业务，以及基金服务机构是否采取了有效的隔离措施。具体要求有（　　）。

Ⅰ．若该托管人能够将其托管职能和基金服务职能进行分离，恰当地识别、管理、监控潜在的利益冲突，并披露给投资者，则被该托管人可被委托担任同一基金的基金服务机构

Ⅱ．基金服务机构应当具备开展服务业务的营运能力和风险承受能力

Ⅲ．单位可以挪用基金财产和投资者财产，但个人不得以任何形式挪用

Ⅳ．基金服务机构应当建立严格的防火墙制度与业务隔离制度，有效执行信息隔离等内部控制制度，切实防范利益输送

A．Ⅰ、Ⅱ、Ⅲ、Ⅳ

B．Ⅰ、Ⅱ、Ⅳ

C．Ⅰ、Ⅲ、Ⅳ

D．Ⅰ、Ⅱ、Ⅲ

答案：B

知识点：基金服务业务中可能存在的利益冲突；见教材第八章第七节 P188～P189。

34．下列选项中属于基金业绩评价需考虑的因素的有（　　）。

Ⅰ．投资领域因素

Ⅱ．时间因素

Ⅲ．成本因素

Ⅳ．风险因素

A．Ⅰ、Ⅱ

B．Ⅰ、Ⅲ

C．Ⅰ、Ⅱ、Ⅲ

D．Ⅰ、Ⅱ、Ⅳ

答案：A

知识点：投资领域因素、时间因素；见教材第八章第八节 P189。

35．不同基金的投资领域、设立时间等均有较大差别，因此在进行业绩评价和比较时需综合考虑这两方面因素。下列说法正确的是（　　）。

Ⅰ．进行基金业绩比较时，应该考虑投资领域的不同而采取不同的对标基准

Ⅱ．股权投资基金的业绩进行比较时应考虑两方面的时间因素：一是基金设立的时

间应尽量避免接近,二是业绩评价的时间应尽量统一

Ⅲ. 投资上市公司的股权投资基金其投资标的流动性较好,一般持有所投资项目的期限会短于创业投资基金

Ⅳ. 创业投资基金所投资项目大部分需要经过较长时间的培育,因此获得收益的时间较长

A. Ⅰ、Ⅱ、Ⅲ、Ⅳ

B. Ⅰ、Ⅱ、Ⅲ

C. Ⅰ、Ⅲ、Ⅳ

D. Ⅰ、Ⅱ、Ⅳ

答案:C

知识点:投资领域因素、时间因素;见教材第八章第八节 P190。

36. 下列关于基金业绩评价的指标的说法中,正确的是(   )。

Ⅰ. 已分配收益倍数和总收益倍数都是站在投资者的角度来评价股权投资基金的

Ⅱ. 有很多股权投资基金所投资的企业在运营过程中,由于阶段性业绩增长或行业投资热度提高可能产生较高的估值

Ⅲ. 净内部收益率和毛内部收益率之间的主要差别在于净内部收益率是在毛内部收益率基础上考虑了基金费用和管理人业绩报酬对投资者现金流的影响

Ⅳ. 内部收益率体现了投资资金的时间价值

A. Ⅰ、Ⅱ

B. Ⅰ、Ⅱ、Ⅲ

C. Ⅰ、Ⅱ、Ⅲ、Ⅳ

D. Ⅰ、Ⅱ、Ⅳ

答案:C

知识点:内部收益率、已分配收益倍数、总收益倍数;见教材第八章第八节 P190 ~ P192。

37. 股权投资基金管理人应从内部控制的(   )、信息与沟通及内部监督等方面进行自律管理。

Ⅰ. 目标与原则

Ⅱ. 内部环境

Ⅲ. 风险评估

Ⅳ. 控制活动

A. Ⅰ、Ⅲ、Ⅳ

B. Ⅰ、Ⅱ、Ⅲ

C. Ⅰ、Ⅱ、Ⅲ、Ⅳ

D. Ⅰ、Ⅱ、Ⅳ

答案：C

知识点：基金管理人内部控制的概念、内部控制的含义；见教材第八章第九节 P194。

38. 基金管理人的内部控制要求部门设置体现权责明确、相互制约的原则，包括严格授权控制、（　　）建立严格的信息技术系统管理制度；强化内部监督稽核和风险管理系统。

Ⅰ. 建立完善的岗位责任制度和科学

Ⅱ. 严格的岗位分离制度

Ⅲ. 严格控制基金财产的财务风险

Ⅳ. 建立完善的信息披露制度

A. Ⅰ、Ⅱ、Ⅳ

B. Ⅰ、Ⅱ

C. Ⅰ、Ⅲ、Ⅳ

D. Ⅰ、Ⅱ、Ⅲ、Ⅳ

答案：D

知识点：基金管理人内部控制的概念、内部控制的含义；见教材第八章第九节 P194。

39. 下列关于管理人内部控制的作用，说法正确的是（　　）。

Ⅰ. 保证管理人经营运作严格遵守国家有关法律法规和行业监管规则，自觉形成守法经营、规范运作的经营思想和经营理念

Ⅱ. 管理经营风险，提高经营管理效益，确保经营业务的稳健运行，实现持续、稳定、健康发展

Ⅲ. 保障股权投资基金财产的安全、完整

Ⅳ. 确保基金和基金管理人的财务和其他信息真实、准确、完整、及时

A. Ⅰ、Ⅱ、Ⅳ

B. Ⅰ、Ⅱ、Ⅲ

C. Ⅰ、Ⅲ、Ⅳ

D. Ⅰ、Ⅱ、Ⅲ、Ⅳ

答案：D

知识点：内部控制的作用；见教材第八章第九节 P194～P196。

40. 在风险评估的基础上，基金管理人通过加强内部控制，建立风险防范机制，主要内容包括（　　）。

Ⅰ. 建立企业风险评估机构

Ⅱ. 制定防范或规避风险的措施

Ⅲ. 建立风险信息反馈机制

Ⅳ. 制定防范风险的奖惩制度

A. Ⅰ、Ⅱ、Ⅳ

B. Ⅰ、Ⅱ、Ⅲ

C. Ⅰ、Ⅲ、Ⅳ

D. Ⅰ、Ⅱ、Ⅲ、Ⅳ

答案：D

知识点：内部控制的作用；见教材第八章第九节 P195。

41. 基金及其管理人的财务信息（   ），既是基金管理人内部控制的基本目标，又是企业内部控制基本的、非常重要的手段

Ⅰ. 真实

Ⅱ. 准确

Ⅲ. 完整

Ⅳ. 及时

A. Ⅱ、Ⅲ、Ⅳ

B. Ⅰ、Ⅱ、Ⅲ、Ⅳ

C. Ⅰ、Ⅱ、Ⅳ

D. Ⅰ、Ⅲ、Ⅳ

答案：B

知识点：内部控制的作用；见教材第八章第九节 P196。

42. 全面性原则是管理人内部控制的原则之一，下列说法正确的是（   ）。

Ⅰ. 内部控制应当覆盖包括各项业务、各个部门和各级人员，并涵盖资金募集、投资研究、投资运作、运营保障和信息披露等主要环节

Ⅱ. 基金管理人内部控制必须覆盖所有人员，要求各部门之间、人员之间应相互配合、协调同步、紧密衔接，避免只注重相互牵制而降低效率的做法

Ⅲ. 必须做到部门以及人员之间既相互牵制又相互协调，保证经营管理活动连续、有效地进行

Ⅳ. 在开展股权投资业务的各个主要环节时，内部控制均应覆盖到位，以避免主要环节产生运营风险

A. Ⅱ、Ⅲ、Ⅳ

B. Ⅰ、Ⅱ、Ⅲ、Ⅳ

C. Ⅰ、Ⅱ、Ⅳ

D. Ⅰ、Ⅲ、Ⅳ

答案：B

知识点：全面性原则、相互制约原则、执行有效原则、独立性原则、成本效益原则、适时性原则；见教材第八章第九节 P196。

43. 一项业务在经过两个以上相互制约环节对其进行监督和核查时，其发生错弊现象的概率较低，为此对于股权投资中重要环节的工作需要在内部控制层面进行相互制约，下列说法正确的是（　　）。

Ⅰ. 就纵向控制而言，完成某个重要环节的工作需由来自彼此独立的两个平行部门或人员协调运作、相互监督、相互制约、相互证明

Ⅱ. 就具体的内部控制措施来说，相互制约须考虑横向控制和纵向控制两方面的制约关系

Ⅲ. 经过横向控制和纵向控制的核查和制约，工作中发生的错弊将进一步减少，即使发生问题，也将便于纠正

Ⅳ. 就横向控制而言，完成某个工作需经过两个或两个以上的纵向岗位和环节，以使下级受上级监督，上级受下级牵制

A. Ⅰ、Ⅱ

B. Ⅱ、Ⅲ

C. Ⅰ、Ⅲ、Ⅳ

D. Ⅰ、Ⅱ、Ⅲ、Ⅳ

答案：B

知识点：全面性原则、相互制约原则、执行有效原则、独立性原则、成本效益原则、适时性原则；见教材第八章第九节 P196。

44. 下列关于内部控制的成本效益原则的说法中，正确的是（　　）。

Ⅰ. 在设计基金管理人内部控制制度时，一定要考虑控制投入成本和控制产出效益之比

Ⅱ. 对那些只在局部发挥作用、影响特定范围的一般控制点应进行严格控制

Ⅲ. 对那些在业务处理过程中发挥作用大、影响范围广的关键控制点（如投资、研究和交易），只要能起到监控作用即可，不必花费大量的人力、物力进行控制

Ⅳ. 控制点设定的数量需根据实际情况，科学设立，力争以最小的控制成本获取最大的内控效果

A. Ⅱ、Ⅲ

B. Ⅱ、Ⅳ

C. Ⅰ、Ⅳ

D. Ⅰ、Ⅱ、Ⅲ、Ⅳ

答案：C

知识点：全面性原则、相互制约原则、执行有效原则、独立性原则、成本效益原则、适时性原则；见教材第八章第九节 P197～P198。

45. 下列关于基金管理人内部控制的说法中，正确的是（　　）。

Ⅰ. 基金管理人作为一个企业组织，自身就在不断变化当中，面临人员规模可能增多、业务范围可能扩大、投资策略可能调整等各种可能的变化

Ⅱ. 针对管理人组织体系内的变化，需要重新评估内部控制体系是否仍然能够满足变化后的内部控制要求

Ⅲ. 面对外部环境的变化，如投资领域的政策方针、监管要求、法律法规等发生调整，基金管理人的内部控制必须同步按要求调整

Ⅳ. 若内部控制体系不能够满足变化后的内部控制要求，需进行完善以保证内部控制的有效性

A. Ⅰ、Ⅲ、Ⅳ

B. Ⅱ、Ⅲ、Ⅳ

C. Ⅰ、Ⅱ、Ⅳ

D. Ⅰ、Ⅱ、Ⅲ、Ⅳ

答案：D

知识点：全面性原则、相互制约原则、执行有效原则、独立性原则、成本效益原则、适时性原则；见教材第八章第九节 P198。

46. 内部环境包括经营理念和内控文化、治理结构、组织结构、人力资源政策和员工道德素质等，是管理人内部控制的要素之一，下列说法正确的是（　　）。

Ⅰ. 内部环境是实施内部控制的基础

Ⅱ. 基金管理人应通过内部控制杜绝不正当关联交易、利益输送和内部人控制现象的发生，保护投资者利益和基金财产安全

Ⅲ. 基金管理人的组织结构应当体现职责明确、相互制约的原则，各部门有明确的授权分工，操作相互独立

Ⅳ. 公司应当建立决策科学、运营规范、管理高效的运行机制，包括科学、透明的决策程序和管理议事规则，高效、严谨的业务执行系统，以及健全、有效的内部监督和反馈系统

A. Ⅰ、Ⅲ、Ⅳ

B. Ⅱ、Ⅲ、Ⅳ

C. Ⅰ、Ⅱ、Ⅳ

D. Ⅰ、Ⅱ、Ⅲ、Ⅳ

答案：D

知识点：内部环境、风险评估、控制活动、信息与沟通、内部监督；见教材第八章

第九节 P198。

47. 基金管理人应通过授权控制来控制业务活动的运作，授权控制应当贯穿于管理人经营活动的始终，授权控制的主要内容包括（　　）。

Ⅰ. 股东会、董事会、监事会和管理层应当充分了解和履行各自的职权，建立健全公司授权标准和程序，确保授权制度的贯彻执行

Ⅱ. 各业务部门、分支机构和员工应当在规定授权范围内行使相应的职责

Ⅲ. 重大业务的授权应当采取口头形式，应当明确授权内容和时效

Ⅳ. 授权要适当，对已获授权的部门和人员应建立有效的评价和反馈机制，对已不适用的授权应及时修改或取消

A. Ⅰ、Ⅱ、Ⅳ

B. Ⅱ、Ⅲ、Ⅳ

C. Ⅰ、Ⅱ、Ⅲ

D. Ⅰ、Ⅱ、Ⅲ、Ⅳ

答案：A

知识点：内部环境、风险评估、控制活动、信息与沟通、内部监督；见教材第八章第九节 P199。

48. 管理人内部控制包括（　　）。

Ⅰ. 股权投资基金管理人应当建立科学严谨的业务操作流程，利用部门分设、岗位分设、外包、托管等方式实现业务流程的控制

Ⅱ. 授权控制应当贯穿于股权投资基金管理人资金募集、投资运作、投资后管理和项目退出等主要环节的始终

Ⅲ. 股权投资基金管理人应当建立健全授权标准和程序，确保授权制度的贯彻执行

Ⅳ. 股权投资基金管理人自行募集股权投资基金的，应设置有效机制，切实保障募集结算资金安全

A. Ⅰ、Ⅱ、Ⅲ、Ⅳ

B. Ⅰ、Ⅱ、Ⅳ

C. Ⅰ、Ⅲ、Ⅳ

D. Ⅱ、Ⅲ、Ⅳ

答案：A

知识点：内部控制活动要求；见教材第八章第九节 P200 ~ P201。

49. 下列关于管理人内部控制的主要控制活动要求的说法中，正确的是（　　）。

Ⅰ. 股权投资基金管理人应当建立合格投资者适当性制度

Ⅱ. 股权投资基金管理人应建立健全相关机制，防范管理的各股权投资基金之间的利益输送和利益冲突，公平对待管理的各股权投资基金，保护投资者利益

Ⅲ. 股权投资基金管理人应当建立健全投资业务控制，保证投资决策严格按照法律法规的规定，符合基金合同所规定的投资目标、投资范围、投资策略、投资组合和投资限制等要求

Ⅳ. 股权投资基金管理人自行承担信息技术和会计核算等职能的，应建立相应的信息系统和会计系统，保证信息技术和会计核算等的顺利运行

A. Ⅰ、Ⅱ、Ⅲ

B. Ⅰ、Ⅲ、Ⅳ

C. Ⅱ、Ⅲ、Ⅳ

D. Ⅰ、Ⅱ、Ⅲ、Ⅳ

答案：D

知识点：内部控制活动要求；见教材第八章第九节 P200 ~ P201。

第九章　股权投资基金的政府管理

一、单项选择题（以下各小题所给出的 **4** 个选项中，只有 **1** 项最符合题目要求，请将正确选项的代码填入括号内，不填、错填均不得分）

1. 2005 年 11 月，经国务院批准的《创业投资企业管理暂行办法》与（　　）无关。

　　A. 国家发展改革委

　　B. 科技部

　　C. 中国保监会

　　D. 中国证监会

答案：C

知识点：政府管理的历史演变过程；见教材第九章第一节 P205。

2. 《创业投资企业管理暂行办法》是第（　　）部对创业投资企业进行系统规范的国务院部门规章。

　　A. 一

　　B. 二

　　C. 三

　　D. 四

答案：A

知识点：政府管理的历史演变过程；见教材第九章第一节 P205。

3. 《创业投资企业管理暂行办法》将创业投资企业与（　　）之间的法律关系界定为委托代理关系。

　　A. 投资者

　　B. 管理人

　　C. 托管人

　　D. 原始股东

答案：B

知识点：政府管理的历史演变过程；见教材第九章第一节 P206。

4. 创业投资企业存续期限最短不得短于（　　）年。

　　A. 3

B. 5

C. 7

D. 9

答案：C

知识点：政府管理的历史演变过程；见教材第九章第一节 P206。

5. 创业投资企业可以在法律规定的范围内通过（　　）增强投资能力。

A. 股权融资方式

B. 现金融资方式

C. 基金融资方式

D. 债权融资方式

答案：D

知识点：政府管理的历史演变过程；见教材第九章第一节 P206。

6. 在税收支持方面，2007 年 2 月，《财政部、国家税务总局关于促进创业投资企业发展有关税收政策的通知》发布，通知明确，创业投资企业采取股权投资方式投资于未上市中小高新技术企业（　　）年以上（含），凡符合条件的，可按其对中小高新技术企业投资额的 70% 抵扣该创业投资企业的应纳税所得额。

A. 1

B. 2

C. 3

D. 5

答案：B

知识点：政府管理的历史演变过程；见教材第九章第一节 P206。

7. 我国股权投资基金的监管机构是（　　）。

A. 国家发展改革委

B. 中国人民银行

C. 中国银监会

D. 中国证监会

答案：D

知识点：政府管理的主体及各主体的管理内容；见教材第九章第一节 P206。

8. 政府部门和司法机关在各自职责范围内行使对股权投资基金的管理职权没有对应的是（　　）。

A. 工商行政管理部门承担公司型和合伙型股权投资基金的工商登记职责

B. 财政部和国家发展改革委负责股权投资基金相关的税收政策管理

C. 商务部和国家外汇管理局对跨境股权投资基金活动承担相应监管职责

D. 国务院国资委和各地方国资委分别负责中央和地方国有企业参与股权投资基金监督管理

答案：B

知识点：政府管理的主体及各主体的管理内容；见教材第九章第一节 P207。

9. 广义股权投资基金和（　　）是完全等同的概念。

A. 广义创业投资基金

B. 广义并购基金

C. 定向增发基金

D. 不动产基金

答案：A

知识点：对股权投资基金的基本要求；见教材第九章第二节 P208。

10. 投资于新三板企业的基金可归为（　　）。

A. 创业投资基金

B. 并购基金

C. 定向增发基金

D. 不动产基金

答案：A

知识点：对股权投资基金的基本要求；见教材第九章第二节 P209。

11. 狭义股权投资基金特指（　　）。

A. 创业投资基金

B. 并购基金

C. 定向增发基金

D. 不动产基金

答案：B

知识点：对股权投资基金的基本要求；见教材第九章第二节 P209。

12. 从保护投资者利益，保障管理人以（　　）为基础，最大限度地为投资者提供优质的资产管理服务出发，股权投资基金还应当坚持专业化运作原则，建立财产独立制度。

A. 风险责任

B. 安全意识

C. 信义责任

D. 获取利润

答案：C

知识点：对股权投资基金的基本要求；见教材第九章第二节 P209。

13. 从专业化运营角度来看，通常股权投资基金不得投资（　　）公开交易的股票。

A. 一级市场

B. 二级市场

C. 三级市场

D. 四级市场

答案：B

知识点：对股权投资基金的基本要求；见教材第九章第二节 P210。

14. 在我国，当前股权投资基金被要求以（　　）向合格投资者募集资金。

A. 自行方式

B. 委托方式

C. 公开方式

D. 非公开方式

答案：D

知识点：对股权投资基金管理人的要求；见教材第九章第二节 P210。

15. 管理人、法定代表人或者执行事务合伙人委派代表、董事、监事、高级管理人员最近（　　）年不得因重大违法违规行为受到行业禁入等行政处罚或者刑事处罚，且不存在因涉嫌违法违规行为正在被调查或者正处于整改期间的情形。

A. 一

B. 二

C. 三

D. 四

答案：C

知识点：对股权投资基金管理人的要求；见教材第九章第二节 P211。

16. 管理人应当指定至少（　　）名高级管理人专职担任合规风控负责人。

A. 1

B. 2

C. 3

D. 4

答案：A

知识点：对股权投资基金管理人的要求；见教材第九章第二节 P211。

17. 风险识别能力和（　　）是合格投资者的核心要素。

A. 风险承担能力

B. 风险转移能力

C. 风险把控能力

D. 风险抵抗能力

答案：A

知识点：对股权投资基金管理人的要求；见教材第九章第二节 P213。

18. 向不特定对象发行证券以及投资者人数超过（　　）人，均被视为公开发行证券。

A. 100

B. 150

C. 200

D. 300

答案：C

知识点：对资金募集的要求；见教材第九章第二节 P213。

19. 股权投资基金管理人或者股权投资基金销售机构在销售股权投资基金时，不用核查（　　）等信息，审查其是否符合合格投资者条件。

A. 投资者的身份

B. 财务与收入状况

C. 风险承受能力

D. 投资经验和风险偏好

答案：C

知识点：对资金募集的要求；见教材第九章第二节 P215。

20. 股权投资基金的（　　），是管理人的核心工作内容。

A. 基金募集

B. 投资管理

C. 项目退出

D. 清算

答案：B

知识点：对投资运作的要求；见教材第九章第二节 P215。

21. （　　）担任基金托管人的，由国务院证券监督管理机构会同国务院银行业监督管理机构核准。

A. 金融机构

B. 证券公司

C. 商业银行

D. 投资银行

答案：C

知识点：对投资运作的要求；见教材第九章第二节 P216。

22. 股权投资基金发生重大事项的，应当在（　　）个工作日内向中国证券投资基金业协会报告。

A. 5

B. 10

C. 15

D. 20

答案：B

知识点：对信息披露的要求；见教材第九章第二节 P218。

23. 股权投资基金管理人应当于每个会计年度结束后的（　　）个月内，向中国证券投资基金业协会报送经会计师事务所审计的年度财务报告和所管理股权投资基金年度投资运作基本情况。

A. 1

B. 3

C. 4

D. 6

答案：C

知识点：对信息披露的要求；见教材第九章第二节 P218。

24. 股权投资基金运行期间，股权投资基金的信息披露义务人应当在每季度结束之日起（　　）个工作日内向投资者披露基金投资项目、投资额度、基金资产等信息。

A. 5

B. 10

C. 15

D. 20

答案：B

知识点：对信息披露的要求；见教材第九章第二节 P218。

25. 股权投资基金管理人和托管人发生重大事项变更，股权投资基金发生触及基金止损线或者预警线、管理费率或者托管费率变更、清盘或者清算、重大关联交易、提取业绩报酬等影响投资者利益的重大事项的，信息披露义务人应当在（　　）个工作日内向投资者披露。

A. 5

B. 10

C. 15

D. 20

答案：B

知识点：对信息披露的要求；见教材第九章第二节 P219。

26. 必备投资者应具有 3 名以上具有（　　）年以上创业投资从业经验的专业管理人员。

A. 3

B. 5

C. 7

D. 10

答案：A

知识点：外国投资者在中国境内参与设立股权投资基金的管理；见教材第九章第二节 P221。

27. 非法人制创投企业的必备投资者，对创投企业的认缴出资及实际出资分别不低于投资者认缴出资总额及实际出资总额的（　　）%，且应对创投企业的债务承担连带责任。

A. 1

B. 3

C. 5

D. 10

答案：A

知识点：外国投资者在中国境内参与设立股权投资基金的管理；见教材第九章第二节 P221。

28. 出现个人非法吸收或者变相吸收公众存款对象（　　）人以上的，单位非法吸收或者变相吸收公众存款对象 150 人以上的情况，需要追究刑事责任。

A. 10

B. 30

C. 50

D. 100

答案：B

知识点：防范和处置非法集资等刑事犯罪；见教材第九章第二节 P225。

29. 按《最高人民法院关于审理非法集资刑事案件具体应用法律若干问题的解释》第六条的规定，未经国家有关主管部门批准，向社会不特定对象发行、以转让股权等方式变相发行股票或者公司、企业债券，或者向特定对象发行、变相发行股票或者公司、企业债券累计超过（　　）人的应当认定为《刑法》第一百七十九条规定的擅自发行股票，公司、企业债券。

A. 100

B. 150

C. 200

D. 300

答案：C

知识点：防范和处置非法集资等刑事犯罪；见教材第九章第二节 P226。

30. 广告经营者、广告发布者违反国家规定，利用广告为非法集资活动相关的商品或者服务作虚假宣传，违法所得数额在（　　）万元以上的，以虚假广告罪定罪处罚。

A. 10

B. 30

C. 50

D. 100

答案：A

知识点：防范和处置非法集资等刑事犯罪；见教材第九章第二节 P227。

31. 在调查操纵证券市场、内幕交易等重大证券违法行为时，经国务院证券监督管理机构主要负责人批准，可以限制被调查事件当事人的证券买卖，但限制的期限不得超过（　　）个交易日。

A. 五

B. 十

C. 十五

D. 二十

答案：C

知识点：监管机构可以采取的监管措施；见教材第九章第三节 P228。

32. 对行政监管措施不服的，可以根据《行政复议法》等相关规定，自收到行政监管措施决定书之日起（　　）日内向复议机关申请复议，也可以自收到决定书之日起（　　）个月内向有管辖权的人民法院提起诉讼。

A. 30；3

B. 30；6

C. 60；3

D. 60；6

答案：D

知识点：违反法律法规时的处理方式；见教材第九章第三节 P229。

33. 股权投资基金管理人、托管人、销售机构及其他相关服务机构及其从业人员违反法律、行政法规时，中国证监会可以依法进行行政处罚，对行政处罚不服的，可在收到处罚决定书之日起（　　）日内申请行政复议，也可以在收到处罚决定书之日起

（　　）个月内直接向有管辖权的人民法院提起行政诉讼。

A. 30；2

B. 30；3

C. 60；2

D. 60；3

答案：D

知识点：违反法律法规时的处理方式；见教材第九章第三节 P229。

34. 国家对创业投资基金在税收上给予特别支持，对公司型创业投资基金而言，创业投资企业采取股权投资方式投资于未上市的中小高新技术企业（　　）年以上的，可以按照其投资额的（　　）%抵扣该创业投资企业的应纳税所得额。当年不足抵扣的，可以在以后纳税年度结转抵扣。

A. 2；50

B. 3；50

C. 2；70

D. 3；70

答案：C

知识点：对创业投资基金的税收规则；见教材第九章第四节 P230。

35. 国家对创业投资基金在税收上给予特别支持，对有限合伙型创业投资基金而言，有限合伙型创业投资企业采取股权投资方式投资于未上市的中小高新技术企业满（　　）年的，其法人合伙人可按照对未上市中小高新技术企业投资额的（　　）%抵扣该法人合伙人从该有限合伙制创业投资企业分得的应纳税所得额，当年不足抵扣的，可以在以后纳税年度结转抵扣。

A. 2；60

B. 4；60

C. 2；70

D. 4；70

答案：C

知识点：对创业投资基金的税收规则；见教材第九章第四节 P230。

36. 天使投资个人在试点地区投资多个初创科技型企业的，对其中办理注销清算的初创科技型企业，天使投资个人对其投资额的70%尚未抵扣完的，可自注销清算之日起（　　）个月内抵扣天使投资个人转让其他初创科技型企业股权取得的应纳税所得额。

A. 12

B. 36

C. 48

D. 72

答案：B

知识点：对创业投资基金的税收规则；见教材第九章第四节 P231。

37. 国家不断出台政策，发挥政府财政性引导基金作用，拓宽创业投资基金的资本来源，除政策支持外，国家还设立各类引导基金，引导支持创业投资基金的发展，下列说法正确的是（   ）。

A. 2015 年 1 月 14 日，国务院决定设立国家新兴产业创业投资引导基金，助力创业创新和产业升级

B. 2015 年 9 月，国务院决定成立基金总规模 600 亿元的国家中小企业发展基金，采用市场化模式运作

C. 2014 年 12 月，中国保监会发布《中国保监会关于保险资金投资创业投资基金有关事项的通知》，允许保险资金通过投资其他股权投资基金间接投资创业企业，或者通过投资股权投资母基金间接投资创投基金

D. 以上都是

答案：D

知识点：发挥财政性引导基金作用拓宽创业投资基金资本来源的支持措施；见教材第九章第四节 P232 ~ P233。

38. 根据《境内证券市场转持部分国有股充实全国社会保障基金实施办法》，下列说法错误的是（   ）。

A. 凡在境内证券市场首次公开发行股票并上市的含国有股的股份有限公司，除国务院另有规定的，均须按首次公开发行时实际发行股份数量的5%，将股份有限公司部分国有股转由社保基金会持有

B. 混合所有制的国有股东，由该类国有股东的国有出资人按其持股比例乘以该类国有股东应转持的权益额，履行转持义务

C. 凡在境内证券市场首次公开发行股票并上市的含国有股的股份有限公司，国有股东持股数量少于应转持股份数量的，按实际持股数量转持

D. 混合所有制的国有股东，在取得国有股东各出资人或各股东一致意见后，直接转持国有股，并由该国有股东的国有出资人对非国有出资人给予相应补偿

答案：A

知识点：创业投资基金豁免国有股转持的条件；见教材第九章第四节 P233 ~ P234。

39. 创投国十条明确指出建立股权债权等联动机制，拓宽创投资金来源，下列说法正确的是（   ）。

A. 支持银行业金融机构积极稳妥开展并购贷款业务，提高对创业企业兼并重组的金融服务水平

B. 完善银行业金融机构投贷联动机制，稳妥有序推进投贷联动业务试点，推动投贷联动金融服务模式创新

C. 支持创业投资企业及其股东依法依规发行企业债券和其他债务融资工具融资，增强投资能力

D. 以上都是

答案：D

知识点：创业投资基金豁免国有股转持的条件；见教材第九章第四节 P236。

40. 发挥政府资金的引导作用是创投国十条提出的具体措施之一，下列说法错误的是（　　）。

A. 充分发挥政府设立的创业投资引导基金的作用，加强规范管理，加大力度培育新的经济增长点，促进就业增长

B. 充分发挥国家新兴产业创业投资引导基金、国家中小企业发展基金、国家科技成果转化引导基金等已设立基金的作用

C. 建立所投资企业上市解禁期与上市前投资期限长短反向挂钩的制度安排

D. 鼓励创业投资引导基金注资市场化母基金，由专业化创业投资管理机构受托管理引导基金

答案：C

知识点：创投国十条对创业投资基金支持的具体内容；见教材第九章第四节 P237。

41. 创投国十条提出了 16 项具体措施，如优化信用环境、有序扩大创业投资对外开放、健全创业投资服务体系、加强各方统筹协调，下列说法错误的是（　　）。

A. 优化信用环境要求建立健全创业投资行业信用服务机制，推广使用信用产品

B. 有序扩大创业投资对外开放要求完善境外投资相关管理制度，引导和鼓励创业投资企业加大对境外及港澳台地区高端研发项目的投资，积极分享高端技术成果

C. 健全创业投资服务体系要求加强与创业投资相关的会计、征信、信息、托管、法律、咨询、教育培训等各类中介服务体系建设

D. 加强各方统筹协调要求加强创业投资行业发展政策和监管政策的协同配合，增强政策针对性、连续性、协同性

答案：B

知识点：创投国十条对创业投资基金支持的具体内容；见教材第九章第四节 P239。

42. 创投国十条明确指出拓宽创业投资市场化退出渠道，下列说法错误的是（　　）。

A. 充分发挥主板、创业板、全国中小企业股份转让系统以及区域性股权市场功能，畅通创业投资市场化退出渠道

B. 完善全国中小企业股份转让系统交易机制，改善市场流动性

C. 支持机构间私募产品报价与服务系统、证券公司柜台市场开展间接融资业务

D. 鼓励创业投资以并购重组等方式实现市场化退出，规范发展专业化并购基金

答案：C

知识点：创投国十条对创业投资基金支持的具体内容；见教材第九章第四节 P238。

二、组合型单项选择题（以下各小题所给出的 4 个选项中，只有 1 项最符合题目要求，请将正确选项的代码填入括号内，不填、错填、漏填均不得分）

1. 2003 年 2 月，（   ）又共同颁布《外商投资创业投资企业管理规定》（后于 2015 年修订），对外商投资创业投资企业进行进一步规范和管理。

Ⅰ. 对外贸易经济合作部

Ⅱ. 科学技术部

Ⅲ. 国家工商行政管理总局

Ⅳ. 国家税务总局

A. Ⅰ、Ⅱ、Ⅲ、Ⅳ

B. Ⅰ、Ⅲ、Ⅳ

C. Ⅱ、Ⅲ、Ⅳ

D. Ⅰ、Ⅱ、Ⅳ

答案：A

知识点：政府管理的历史演变过程；见教材第九章第一节 P205。

2. 下列关于《创业投资企业管理暂行办法》的说法中，正确的是（   ）。

Ⅰ. 定义了创业投资

Ⅱ. 明确创业投资是指向创业企业进行股权投资

Ⅲ. 以期所投资创业企业发育成熟或相对成熟后主要通过股权转让获得资本增值收益的投资方式

Ⅳ. 是第二部对创业投资企业进行系统规范的国务院部门规章

A. Ⅰ、Ⅱ、Ⅲ、Ⅳ

B. Ⅰ、Ⅲ、Ⅳ

C. Ⅱ、Ⅲ、Ⅳ

D. Ⅰ、Ⅱ、Ⅲ

答案：D

知识点：政府管理的历史演变过程；见教材第九章第一节 P205。

3. 创业投资企业可以以（   ）形式设立。

Ⅰ. 有限责任公司

Ⅱ. 个人独资企业

Ⅲ. 股份有限公司

Ⅳ. 法律规定的其他企业组织

A. Ⅰ、Ⅱ、Ⅲ、Ⅳ

B. Ⅰ、Ⅲ、Ⅳ

C. Ⅱ、Ⅲ、Ⅳ

D. Ⅰ、Ⅱ、Ⅲ

答案：B

知识点：政府管理的历史演变过程；见教材第九章第一节 P205。

4. 中国证监会设私募基金监管部的职能是（　　）。

Ⅰ. 拟定私募投资基金合格投资者标准、信息披露规则等

Ⅱ. 拟定监管私募投资基金的规则、实施细则

Ⅲ. 负责公募投资基金的信息统计和风险监测工作

Ⅳ. 牵头负责私募投资基金风险处置工作

A. Ⅰ、Ⅱ、Ⅲ、Ⅳ

B. Ⅰ、Ⅱ、Ⅳ

C. Ⅱ、Ⅲ、Ⅳ

D. Ⅰ、Ⅱ、Ⅲ

答案：B

知识点：政府管理的主体及各主体的管理内容；见教材第九章第一节 P207。

5. 证监局的监管，主要是对辖区内股权投资基金及市场服务机构进行（　　），并和地方政府合作打击非法集资行为。

Ⅰ. 管理

Ⅱ. 统计

Ⅲ. 监测

Ⅳ. 检查

A. Ⅰ、Ⅱ、Ⅲ、Ⅳ

B. Ⅰ、Ⅱ、Ⅳ

C. Ⅱ、Ⅲ、Ⅳ

D. Ⅰ、Ⅱ、Ⅲ

答案：C

知识点：政府管理的主体及各主体的管理内容；见教材第九章第一节 P207。

6. 针对事中事后检查中发现的问题，中国证监会、各证监局可以视具体情况，分别采取（　　）等处理方式。

Ⅰ. 行政监管措施

Ⅱ. 行政处罚

Ⅲ. 刑事处分

Ⅳ. 交由中国证券投资基金业协会采取自律管理措施

A. Ⅰ、Ⅱ、Ⅲ、Ⅳ

B. Ⅰ、Ⅱ、Ⅳ

C. Ⅱ、Ⅲ、Ⅳ

D. Ⅰ、Ⅱ、Ⅲ

答案：B

知识点：政府管理的主体及各主体的管理内容；见教材第九章第一节 P207。

7. 股权投资基金行政监管的主要法律法规依据是（　　　　）。

Ⅰ.《证券法》

Ⅱ.《证券投资基金法》

Ⅲ.《证券投资基金监督管理暂行办法》

Ⅳ.《创业投资企业管理暂行办法》

A. Ⅰ、Ⅱ、Ⅲ、Ⅳ

B. Ⅰ、Ⅱ、Ⅳ

C. Ⅱ、Ⅲ、Ⅳ

D. Ⅰ、Ⅱ、Ⅲ

答案：D

知识点：对股权投资基金的基本要求；见教材第九章第二节 P208。

8. 股权投资基金行政监管主要从（　　　　）等方面进行。

Ⅰ. 股权投资基金管理人

Ⅱ. 资金募集

Ⅲ. 登记备案

Ⅳ. 服务机构

A. Ⅰ、Ⅱ、Ⅲ、Ⅳ

B. Ⅰ、Ⅱ、Ⅳ

C. Ⅱ、Ⅲ、Ⅳ

D. Ⅰ、Ⅱ、Ⅲ

答案：A

知识点：对股权投资基金的基本要求；见教材第九章第二节 P208。

9. 符合下列（　　　　）条件时，属于创业投资基金。

Ⅰ. 仅从事创业投资及相关活动的

Ⅱ. 不投资在公开市场上市的企业，但是所投资未上市企业上市后，创业投资基金所持股份的未转让部分及其配售部分不在此限

Ⅲ. 名称和投资策略鲜明地体现创业投资特点

Ⅳ. 公司规模具有创业投资基金的要求

A. Ⅰ、Ⅲ、Ⅳ

B. Ⅰ、Ⅱ、Ⅳ

C. Ⅱ、Ⅳ

D. Ⅰ、Ⅱ、Ⅲ

答案：D

知识点：对股权投资基金的基本要求；见教材第九章第二节 P208 ~ P209。

10. 随着市场发展，后来从创业投资基金中分化出（　　）。

Ⅰ. 并购基金

Ⅱ. 基础设施投资基金

Ⅲ. 不动产基金

Ⅳ. 定增基金

A. Ⅰ、Ⅲ、Ⅳ

B. Ⅰ、Ⅱ、Ⅳ

C. Ⅱ、Ⅳ

D. Ⅰ、Ⅱ、Ⅲ

答案：D

知识点：对股权投资基金的基本要求；见教材第九章第二节 P209。

11. 创业投资基金投资初创期或成长期的未上市企业具有（　　）等特点。

Ⅰ. 成长性好

Ⅱ. 风险大

Ⅲ. 成长性小

Ⅳ. 弹性大

A. Ⅰ、Ⅲ、Ⅳ

B. Ⅰ、Ⅱ

C. Ⅱ、Ⅳ

D. Ⅰ、Ⅱ、Ⅲ

答案：B

知识点：对股权投资基金的基本要求；见教材第九章第二节 P209。

12. 根据中国证券投资基金业协会的分类标准，与企业非公开交易私人股权投资相关的基金类型有（　　）。

Ⅰ. 创业投资基金

Ⅱ. 股权投资基金

Ⅲ. 创业投资基金类 FOF 基金

Ⅳ. 股权投资基金类 FOF 基金

A. Ⅰ、Ⅱ、Ⅲ、Ⅳ

B. Ⅰ、Ⅱ、Ⅳ

C. Ⅱ、Ⅲ、Ⅳ

D. Ⅰ、Ⅱ、Ⅲ

答案：A

知识点：对股权投资基金的基本要求；见教材第九章第二节 P209。

13. 股权投资基金财产不得用于下列投资或者活动有（　　　）。

Ⅰ. 违反国家宏观政策或者产业政策的投资

Ⅱ. 违规向他人贷款或者提供担保

Ⅲ. 从事承担有限责任的投资

Ⅳ. 法律、行政法规以及金融监管部门禁止的其他投资或者活动

A. Ⅰ、Ⅱ、Ⅲ、Ⅳ

B. Ⅰ、Ⅱ、Ⅳ

C. Ⅱ、Ⅲ、Ⅳ

D. Ⅰ、Ⅱ、Ⅲ

答案：B

知识点：对股权投资基金的基本要求；见教材第九章第二节 P210。

14. 股权投资基金的闲置资金一般只能（　　　）。

Ⅰ. 存放银行

Ⅱ. 购买基金

Ⅲ. 购买国债

Ⅳ. 购买其他固定收益类证券

A. Ⅰ、Ⅲ、Ⅳ

B. Ⅰ、Ⅱ、Ⅳ

C. Ⅱ、Ⅲ、Ⅳ

D. Ⅰ、Ⅱ、Ⅲ

答案：A

知识点：对股权投资基金的基本要求；见教材第九章第二节 P209。

15. 股权投资基金管理人应当为依法设立的公司或者合伙企业，名称和经营范围中应当包含（　　　）等相关字样。

Ⅰ. 基金管理

Ⅱ. 投资管理

Ⅲ. 资产管理

Ⅳ. 创业投资

A. Ⅰ、Ⅲ、Ⅳ

B. Ⅰ、Ⅱ、Ⅳ

C. Ⅰ、Ⅱ、Ⅲ、Ⅳ

D. Ⅰ、Ⅱ、Ⅲ

答案：C

知识点：对股权投资基金管理人的要求；见教材第九章第二节 P210。

16. 股权投资基金管理人应当建立（　　）等各个业务环节的管理制度。

Ⅰ. 基金募集

Ⅱ. 监督管理

Ⅲ. 投资运作

Ⅳ. 合规风控

A. Ⅰ、Ⅲ、Ⅳ

B. Ⅰ、Ⅱ、Ⅳ

C. Ⅰ、Ⅱ、Ⅲ、Ⅳ

D. Ⅰ、Ⅱ、Ⅲ

答案：A

知识点：对股权投资基金管理人的要求；见教材第九章第二节 P211。

17. 中国证券投资基金业协会根据登记股权投资基金管理人和备案股权投资基金的
（　　）等进行分类公示，并建立黑名单制度。

Ⅰ. 合规情况

Ⅱ. 诚信情况

Ⅲ. 规模状况

Ⅳ. 风险状况

A. Ⅰ、Ⅲ、Ⅳ

B. Ⅰ、Ⅱ、Ⅳ

C. Ⅰ、Ⅱ、Ⅲ、Ⅳ

D. Ⅰ、Ⅱ、Ⅲ

答案：C

知识点：对登记备案的要求；见教材第九章第二节 P211。

18. 下列关于合格投资者的说法中，正确的是（　　）。

Ⅰ. 达到规定资产规模或者收入水平

Ⅱ. 具备相应的风险识别能力和风险承担能力

Ⅲ. 其基金份额认购金额不低于规定限额的单位和个人

Ⅳ. 合格投资者制度是股权投资基金监管制度的核心内容之一

A. Ⅰ、Ⅲ、Ⅳ

B. Ⅰ、Ⅱ、Ⅳ

C. Ⅰ、Ⅱ、Ⅲ、Ⅳ

D. Ⅰ、Ⅱ、Ⅲ

答案：C

知识点：对合格投资者的要求；见教材第九章第二节 P211 ~ P212。

19. 以下主体投资股权投资基金的，不再穿透核查最终投资者是否为合格投资者和合并计算投资者人数的是（　　）。

Ⅰ. 社会保障基金、企业年金等养老基金，慈善基金等社会公益基金

Ⅱ. 依法设立并在基金业协会备案的投资计划

Ⅲ. 投资于所管理私募基金的私募基金管理人及其从业人员

Ⅳ. 中国证监会规定的其他投资者

A. Ⅰ、Ⅲ、Ⅳ

B. Ⅰ、Ⅱ、Ⅳ

C. Ⅰ、Ⅱ、Ⅲ、Ⅳ

D. Ⅰ、Ⅱ、Ⅲ

答案：B

知识点：对合格投资者的要求；见教材第九章第二节 P213。

20. 股权投资基金的合格投资者必须符合下列标准（　　）。

Ⅰ. 净资产不低于 1000 万元的单位

Ⅱ. 金融资产不低于 300 万元的个人

Ⅲ. 最近三年年均收入不低于 50 万元的个人

Ⅳ. 投资于单只股权投资基金的金额不低于 50 万元

A. Ⅰ、Ⅱ、Ⅲ

B. Ⅰ、Ⅲ、Ⅳ

C. Ⅱ、Ⅲ、Ⅳ

D. Ⅰ、Ⅱ、Ⅳ

答案：A

知识点：对合格投资者的要求；见教材第九章第二节 P212。

21. 股权投资基金的合格投资者具备相应的（　　）能力。

Ⅰ. 风险识别

Ⅱ. 风险承担

Ⅲ. 风险管理

Ⅳ. 风险转移

A. Ⅰ、Ⅲ

B. Ⅰ、Ⅱ

C. Ⅰ、Ⅱ、Ⅲ

D. Ⅰ、Ⅱ、Ⅲ、Ⅳ

答案：B

知识点：对合格投资者的要求；见教材第九章第二节 P212。

22. 下列投资者被视为合格投资者的是（　　）。

Ⅰ. 社会保障基金、企业年金等养老基金，慈善基金等社会公益基金

Ⅱ. 依法设立并在基金业协会备案的投资计划

Ⅲ. 投资于所管理私募基金的私募基金管理人及其从业人员

Ⅳ. 中国证监会规定的其他投资者

A. Ⅰ、Ⅲ、Ⅳ

B. Ⅰ、Ⅱ、Ⅳ

C. Ⅰ、Ⅱ、Ⅲ、Ⅳ

D. Ⅰ、Ⅱ、Ⅲ

答案：C

知识点：对合格投资者的要求；见教材第九章第二节 P212 ~ P213。

23. 股权投资基金募集的主要要求是（　　）。

Ⅰ. 向合格投资者募集

Ⅱ. 非公开方式募集

Ⅲ. 充分信息披露

Ⅳ. 不作本金不受损失及固定收益的承诺

A. Ⅰ、Ⅲ、Ⅳ

B. Ⅰ、Ⅱ、Ⅳ

C. Ⅰ、Ⅱ、Ⅲ、Ⅳ

D. Ⅰ、Ⅱ、Ⅲ

答案：C

知识点：对资金募集的要求；见教材第九章第二节 P214。

24. 股权投资基金管理人、股权投资基金销售机构在宣传推介过程中不得有以下行为（　　）。

Ⅰ. 向当然投资者之外的单位和个人募集资金；或者为投资者提供多人拼凑、资金借贷等满足投资金额的建议或者便利

Ⅱ. 通过报刊、电台、电视、互联网等公众传播媒体或者讲座、报告会、分析会和布告、传单、手机短信、微信、博客和电子邮件等方式，向不特定对象宣传推介

Ⅲ. 口头或者通过签订回购协议、承诺函等方式直接或者间接向投资者承诺投资本金不受损失或者最低收益，或者预测收益率

Ⅳ. 诋毁其他股权投资基金管理人、托管人或者销售机构

A. Ⅰ、Ⅲ、Ⅳ

B. Ⅰ、Ⅱ、Ⅳ

C. Ⅰ、Ⅱ、Ⅲ、Ⅳ

D. Ⅱ、Ⅲ、Ⅳ

答案：C

知识点：对资金募集的要求；见教材第九章第二节 P214。

25. 股权投资基金宣传推介材料登载过往业绩的，一般应当遵循以下原则（　　）。

Ⅰ. 基金合同已生效一段时间，如 6 个月以上

Ⅱ. 应登载完整的业绩记录

Ⅲ. 基金采用正常的风险规避制度

Ⅳ. 如基金存续期间较长，可登载近几年的完整、连续业绩，如近 5 年完整的业绩记录

A. Ⅰ、Ⅲ、Ⅳ

B. Ⅰ、Ⅱ、Ⅳ

C. Ⅰ、Ⅱ、Ⅲ、Ⅳ

D. Ⅱ、Ⅲ、Ⅳ

答案：B

知识点：对资金募集的要求；见教材第九章第二节 P214。

26. 为明确投资人与管理人之间的权利义务关系，基金合同通常应对以下内容作出规定（　　）。

Ⅰ. 基金份额持有人、基金管理人、基金托管人的权利、义务

Ⅱ. 基金的出资方式、数额和认缴期限

Ⅲ. 基金份额的认购、赎回或者转让的程序和方式

Ⅳ. 基金合同变更、解除和终止的事由、程序

A. Ⅰ、Ⅲ、Ⅳ

B. Ⅰ、Ⅱ、Ⅳ

C. Ⅰ、Ⅱ、Ⅲ、Ⅳ

D. Ⅱ、Ⅲ、Ⅳ

答案：C

知识点：对投资运作的要求；见教材第九章第二节 P215。

27. 基金合同应载明（　　）。

Ⅰ. 承担无限连带责任的基金份额持有人的除名条件和更换程序

Ⅱ. 承担无限连带责任的基金份额持有人和其他基金份额持有人的姓名或者名称、住所

Ⅲ. 基金管理人增加、退出的条件、程序以及相关责任

Ⅳ. 承担无限连带责任的基金份额持有人和其他基金份额持有人的转换程序

A. Ⅰ、Ⅲ、Ⅳ

B. Ⅰ、Ⅱ、Ⅳ

C. Ⅰ、Ⅱ、Ⅲ、Ⅳ

D. Ⅱ、Ⅲ、Ⅳ

答案：B

知识点：对投资运作的要求；见教材第九章第二节 P216。

28. 一般而言，担任基金托管人，应当具备下列条件（　　）。

Ⅰ. 净资产和风险控制指标符合有关规定

Ⅱ. 取得基金从业资格的专职人员达到法定人数

Ⅲ. 有安全高效的清算、交割系统

Ⅳ. 有完善的内部稽核监控制度和风险控制制度

A. Ⅰ、Ⅲ、Ⅳ

B. Ⅰ、Ⅱ、Ⅳ

C. Ⅰ、Ⅱ、Ⅲ、Ⅳ

D. Ⅱ、Ⅲ、Ⅳ

答案：C

知识点：对投资运作的要求；见教材第九章第二节 P216。

29. 股权投资基金管理人、股权投资基金托管人、股权投资基金销售机构及其他市场服务机构及其从业人员从事股权投资基金业务，不得有以下行为（　　）。

Ⅰ. 将其固有财产或者他人财产混同于基金财产从事投资活动

Ⅱ. 泄露因职务便利获取的未公开信息，利用该信息从事或者明示、暗示他人从事相关的交易活动

Ⅲ. 外接未经监管机构或者自律组织认证的其他交易系统，为违法证券期货业务活动提供端口服务便利

Ⅳ. 直接或间接参与场内配资活动或者为场内配资活动提供服务或便利

A. Ⅰ、Ⅱ、Ⅲ

B. Ⅰ、Ⅱ、Ⅳ

C. Ⅰ、Ⅱ、Ⅲ、Ⅳ

D. Ⅱ、Ⅲ、Ⅳ

答案：C

知识点：对投资运作的要求；见教材第九章第二节 P217。

30. 信息披露是保护投资者（   ），由投资者与管理人形成市场化选择与博弈的重要方式。

Ⅰ. 知情权

Ⅱ. 盈余分配权

Ⅲ. 优先认股权

Ⅳ. 选择权

A. Ⅰ、Ⅱ、Ⅲ

B. Ⅰ、Ⅳ

C. Ⅰ、Ⅱ、Ⅲ、Ⅳ

D. Ⅱ、Ⅲ、Ⅳ

答案：B

知识点：对信息披露的要求；见教材第九章第二节 P218。

31. 股权投资基金管理人、股权投资基金托管人应当在基金合同中约定向投资者披露（   ），不得隐瞒或者提供虚假信息。

Ⅰ. 资产负债

Ⅱ. 投资收益分配

Ⅲ. 基金承担的费用和业绩报酬

Ⅳ. 可能存在的利益冲突情况以及可能影响投资者合法权益的其他重大信息

A. Ⅰ、Ⅱ、Ⅲ

B. Ⅰ、Ⅳ

C. Ⅰ、Ⅱ、Ⅲ、Ⅳ

D. Ⅱ、Ⅲ、Ⅳ

答案：C

知识点：对信息披露的要求；见教材第九章第二节 P218。

32. 股权投资基金运行期间，股权投资基金的信息披露义务人应当在每季度结束之日起 10 个工作日内向投资者披露基金（   ）等信息。

Ⅰ. 基金投资项目

Ⅱ. 投资额度

Ⅲ. 投资规模

Ⅳ. 基金资产

A．Ⅰ、Ⅱ、Ⅲ

B．Ⅰ、Ⅱ、Ⅳ

C．Ⅰ、Ⅱ、Ⅲ、Ⅳ

D．Ⅱ、Ⅲ、Ⅳ

答案：B

知识点：对信息披露的要求；见教材第九章第二节 P218。

33．股权投资基金运行期间，股权投资基金信息披露义务人应当在每年度结束之日起 4 个月内，向投资者披露基金（　　）。

Ⅰ．对外投资情况

Ⅱ．基金财务情况

Ⅲ．项目运营和风险情况

Ⅳ．投资收益分配和损失承担情况

A．Ⅰ、Ⅱ、Ⅲ

B．Ⅰ、Ⅱ、Ⅳ

C．Ⅱ、Ⅲ、Ⅳ

D．Ⅰ、Ⅱ、Ⅲ、Ⅳ

答案：D

知识点：对信息披露的要求；见教材第九章第二节 P218。

34．股权投资基金管理人和托管人发生重大事项变更，（　　）等影响投资者利益的重大事项的，信息披露义务人应当在 10 个工作日内向投资者披露。

Ⅰ．股权投资基金发生触及基金止损线或者预警线

Ⅱ．管理费率或者托管费率变更

Ⅲ．清盘或者清算

Ⅳ．提取业绩报酬

A．Ⅰ、Ⅱ、Ⅲ

B．Ⅰ、Ⅱ、Ⅳ

C．Ⅰ、Ⅱ、Ⅲ、Ⅳ

D．Ⅱ、Ⅲ、Ⅳ

答案：C

知识点：对信息披露的要求；见教材第九章第二节 P219。

35．股权投资基金管理人可以委托股权投资基金服务机构代为办理股权投资（　　）等事项，也可以自行办理此类事。

Ⅰ．基金的募集

Ⅱ．基金的销售

Ⅲ. 份额登记

Ⅳ. 核算、估值

A. Ⅰ、Ⅱ、Ⅲ

B. Ⅰ、Ⅱ、Ⅳ

C. Ⅰ、Ⅱ、Ⅲ、Ⅳ

D. Ⅱ、Ⅲ、Ⅳ

答案：D

知识点：对选择服务机构的要求；见教材第九章第二节 P219。

36. 股权投资基金投资顾问及其从业人员从事投资顾问活动，不得有以下行为（   ）。

Ⅰ. 泄露委托人的投资决策计划信息

Ⅱ. 利用投资顾问服务与他人合谋操纵市场或者进行内幕交易

Ⅲ. 为本机构、特定客户或者利益相关人的利益损害委托人的合法权益

Ⅳ. 以投资顾问机构从业人员个人名义收取投资顾问费用

A. Ⅰ、Ⅱ、Ⅲ

B. Ⅰ、Ⅱ、Ⅳ

C. Ⅰ、Ⅱ、Ⅲ、Ⅳ

D. Ⅱ、Ⅲ、Ⅳ

答案：C

知识点：对选择服务机构的要求；见教材第九章第二节 P219。

37. 从事股权投资基金（   ）等股权投资基金服务业务的机构，应当按照合同约定履行相应的职责，并且按照中国证券投资基金业协会的规定，在中国证券投资基金业协会备案，接受中国证券投资基金业协会的自律管理。

Ⅰ. 募集

Ⅱ. 销售支付

Ⅲ. 份额登记

Ⅳ. 评价

A. Ⅰ、Ⅱ、Ⅲ

B. Ⅱ、Ⅲ、Ⅳ

C. Ⅰ、Ⅱ、Ⅲ、Ⅳ

D. Ⅰ、Ⅲ、Ⅳ

答案：B

知识点：对选择服务机构的要求；见教材第九章第二节 P219。

38. 设立外商投资创业投资企业，应满足我国关于（   ）等方面的基金。

Ⅰ. 投资者人数

Ⅱ. 出资

Ⅲ. 组织人数

Ⅳ. 管理团队

A. Ⅰ、Ⅱ、Ⅲ

B. Ⅱ、Ⅲ、Ⅳ

C. Ⅰ、Ⅱ、Ⅲ、Ⅳ

D. Ⅰ、Ⅲ、Ⅳ

答案：C

知识点：外国投资者在中国境内参与设立股权投资基金的管理；见教材第九章第二节 P220。

39. "必备投资者"应同时满足以下条件（   ）。

Ⅰ. 创业投资为主营业务

Ⅱ. 拥有 5 名以上具有 3 年以上创业投资从业经验的专业管理人员

Ⅲ. 在申请前三年其管理的资本累计不低于 1 亿美元，且其中至少 5000 万美元已经用于进行创业投资（在必备投资者为中国投资者的情形下，业绩要求为：在申请前三年其管理的资本累计不低于 1 亿元人民币，且其中至少 5000 万元人民币已经用于进行创业投资）

Ⅳ. 必备投资者及其上述关联实体均应未被所在国司法机关和其他相关监管机构禁止从事创业投资或投资咨询业务或以欺诈等原因进行处罚

A. Ⅰ、Ⅱ、Ⅲ

B. Ⅱ、Ⅲ、Ⅳ

C. Ⅰ、Ⅱ、Ⅲ、Ⅳ

D. Ⅰ、Ⅲ、Ⅳ

答案：D

知识点：外国投资者在中国境内参与设立股权投资基金的管理；见教材第九章第二节 P221。

40. 中国境内的股权投资基金进行境外投资，包括通过新设、并购等方式在境外设立非金融企业或取得既有非金融企业的（   ）等行为。

Ⅰ. 所有权

Ⅱ. 控制权

Ⅲ. 经营管理权

Ⅳ. 选举权

A. Ⅰ、Ⅱ、Ⅲ

B. Ⅱ、Ⅲ、Ⅳ

C. Ⅰ、Ⅱ、Ⅲ、Ⅳ

D. Ⅰ、Ⅲ、Ⅳ

答案：A

知识点：境内股权投资基金向境外目标公司的投资；见教材第九章第二节 P223。

41. 违反国家金融管理法律规定，向社会公众（包括单位和个人）吸收资金的行为，是"非法吸收公众存款或者变相吸收公众存款"条件的是（   ）。

Ⅰ. 未经有关部门依法批准或者借用合法经营的形式吸收资金

Ⅱ. 通过媒体、推介会、传单、手机短信等途径向社会公开宣传

Ⅲ. 承诺在一定期限内以货币、实物、股权等方式还本付息或者给付回报

Ⅳ. 以投资入股的方式非法吸收资金的

A. Ⅰ、Ⅱ、Ⅲ

B. Ⅱ、Ⅲ、Ⅳ

C. Ⅰ、Ⅱ、Ⅲ、Ⅳ

D. Ⅰ、Ⅲ、Ⅳ

答案：A

知识点：防范和处置非法集资等刑事犯罪；见教材第九章第二节 P224。

42. 以下构成非法吸收公众存款罪的是（   ）。

Ⅰ. 不具有房产销售的真实内容或者不以房产销售为主要目的，以返本销售、售后包租、约定回购、销售房产份额等方式非法吸收资金的

Ⅱ. 以代种植（养殖）、租种植（养殖）、联合种植（养殖）等方式非法吸收资金的

Ⅲ. 不具有募集基金的真实内容，以假借境外基金、发售虚构基金等方式非法吸收资金的

Ⅳ. 以投资入股的方式非法吸收资金的

A. Ⅰ、Ⅱ、Ⅲ

B. Ⅱ、Ⅲ、Ⅳ

C. Ⅰ、Ⅱ、Ⅲ、Ⅳ

D. Ⅰ、Ⅲ、Ⅳ

答案：C

知识点：防范和处置非法集资等刑事犯罪；见教材第九章第二节 P225。

43. 非法吸收或者变相吸收公众存款，具有（   ）情形之一的，应当依法追究刑事责任。

Ⅰ. 个人非法吸收或者变相吸收公众存款，数额在 50 万元以上的，单位非法吸收或者变相吸收公众存款，数额在 100 万元以上的

Ⅱ. 个人非法吸收或者变相吸收公众存款对象 30 人以上的，单位非法吸收或者变相吸收公众存款对象 150 人以上的

Ⅲ. 个人非法吸收或者变相吸收公众存款，给存款人造成直接经济损失数额在 10 万元以上的，单位非法吸收或者变相吸收公众存款，给存款人造成直接经济损失数额在 50 万元以上的

Ⅳ. 造成恶劣社会影响或者其他严重后果的

A. Ⅰ、Ⅱ、Ⅲ

B. Ⅱ、Ⅲ、Ⅳ

C. Ⅰ、Ⅱ、Ⅲ、Ⅳ

D. Ⅰ、Ⅲ、Ⅳ

答案：B

知识点：防范和处置非法集资等刑事犯罪；见教材第九章第二节 P225。

44. 使用诈骗方法非法集资，具有（　　）情形之一的，可以认定为"以非法占有为目的"。

Ⅰ. 集资后不用于生产经营活动或者用于生产经营活动与筹集资金规模明显不成比例，致使集资款不能返还的

Ⅱ. 肆意挥霍集资款，致使集资款不能返还的

Ⅲ. 隐匿、销毁账目，或者搞假破产、假倒闭，逃避返还资金的

Ⅳ. 拒不交代资金去向，逃避返还资金的

A. Ⅰ、Ⅱ、Ⅲ

B. Ⅱ、Ⅲ、Ⅳ

C. Ⅰ、Ⅱ、Ⅲ、Ⅳ

D. Ⅰ、Ⅲ、Ⅳ

答案：C

知识点：防范和处置非法集资等刑事犯罪；见教材第九章第二节 P225 ~ P226。

45. 违反国家规定，有（　　）非法经营行为之一，扰乱市场秩序，情节严重的，构成非法经营罪。

Ⅰ. 未经许可经营法律、行政法规规定的专营、专卖物品或者其他限制买卖的物品的

Ⅱ. 买卖进出口许可证、进出口原产地证明以及其他法律、行政法规规定的经营许可证或者批准文件的

Ⅲ. 不具有募集基金的真实内容，以假借境外基金、发售虚构基金等方式非法吸收资金的

Ⅳ. 未经国家有关主管部门批准非法经营证券、期货、保险业务的，或者非法从事

资金支付结算业务的

A. Ⅰ、Ⅱ、Ⅲ

B. Ⅱ、Ⅲ、Ⅳ

C. Ⅰ、Ⅱ、Ⅲ、Ⅳ

D. Ⅰ、Ⅱ、Ⅳ

答案：D

知识点：防范和处置非法集资等刑事犯罪；见教材第九章第二节 P226。

46. 依照《刑法》第二百二十二条的规定，（　　）以虚假广告罪定罪处罚。

Ⅰ. 违法所得数额在 10 万元以上的

Ⅱ. 造成严重危害后果或者恶劣社会影响的

Ⅲ. 三年内利用广告作虚假宣传，受过行政处罚二次以上的

Ⅳ. 其他情节严重的情形

A. Ⅰ、Ⅱ、Ⅲ

B. Ⅰ、Ⅱ、Ⅳ

C. Ⅰ、Ⅱ、Ⅲ、Ⅳ

D. Ⅰ、Ⅲ、Ⅳ

答案：B

知识点：防范和处置非法集资等刑事犯罪；见教材第九章第二节 P227。

47. 根据《证券投资基金法》及相关配套规范的授权，中国证监会在对股权投资基金进行事中事后监管时，有权采取以下措施（　　）。

Ⅰ. 进行现场检查，并要求报送有关的业务资料

Ⅱ. 进入涉嫌违法行为发生场所调查取证

Ⅲ. 询问当事人和与被调查事件有关的单位和个人，要求其对与被调查事件有关的事项作出说明

Ⅳ. 查阅、复制与被调查事件有关的财产权登记、通信记录等资料

A. Ⅰ

B. Ⅰ、Ⅱ

C. Ⅰ、Ⅱ、Ⅲ

D. Ⅰ、Ⅱ、Ⅲ、Ⅳ

答案：D

知识点：监管机构可以采取的监管措施；见教材第九章第三节 P227。

48. 下列关于政府管理的调查手段的说法中，正确的是（　　）。

Ⅰ. 查阅、复制当事人和与被调查事件有关的单位和个人的证券交易记录、登记过户记录、财务会计资料及其他相关文件和资料

Ⅱ. 对可能被转移、隐匿或者毁损的文件和资料，可以予以封存

Ⅲ. 查询当事人和与被调查事件有关的单位和个人的资金账户、证券账户和银行账户

Ⅳ. 在调查操纵证券市场、内幕交易等重大证券违法行为时，可以限制被调查事件当事人的证券买卖，且案情复杂的，可以延长二十个交易日

A. Ⅰ

B. Ⅰ、Ⅱ

C. Ⅰ、Ⅱ、Ⅲ

D. Ⅰ、Ⅱ、Ⅲ、Ⅳ

答案：C

知识点：监管机构可以采取的监管措施；见教材第九章第三节 P227～P228。

49. 股权投资基金管理人、托管人、销售机构及其他相关服务机构及其从业人员违反法律、行政法规、行政规章的规定，中国证监会及其派出机构可以对其采取（　　）行政监管措施。

Ⅰ. 责令改正

Ⅱ. 监管谈话

Ⅲ. 出具警示函

Ⅳ. 公开谴责

A. Ⅰ、Ⅱ、Ⅲ

B. Ⅰ、Ⅱ、Ⅳ

C. Ⅱ、Ⅲ、Ⅳ

D. Ⅰ、Ⅱ、Ⅲ、Ⅳ

答案：D

知识点：违反法律法规时的处理方式；见教材第九章第三节 P228。

50. 股权投资基金管理人、托管人、销售机构及其他相关服务机构及其从业人员违反法律、行政法规时，中国证监会可以依法进行行政处罚，处罚的种类包括（　　）。

Ⅰ. 警告

Ⅱ. 罚款

Ⅲ. 没收违法所得和没收非法财物

Ⅳ. 撤销基金从业资格

A. Ⅰ、Ⅱ

B. Ⅰ、Ⅱ、Ⅲ

C. Ⅰ、Ⅲ、Ⅳ

D. Ⅰ、Ⅱ、Ⅲ、Ⅳ

答案：D

知识点：违反法律法规时的处理方式；见教材第九章第三节 P229。

51. 2017 年 4 月 24 日，《财政部、国家税务总局关于创业投资企业和天使投资个人有关税收试点政策的通知》发布。该通知明确以下税收试点政策，支持创业投资企业和天使投资个人向初创科技型企业投资下列说法正确的是（　　）。

Ⅰ. 公司制创业投资企业采取股权投资方式直接投资于种子期、初创期科技型企业满 2 年的，可以按照投资额的 50% 在股权持有满 2 年的当年抵扣该公司制创业投资企业的应纳税所得额

Ⅱ. 法人合伙人可以按照对初创科技型企业投资额的 70% 抵扣法人合伙人从合伙创投企业分得的所得

Ⅲ. 个人合伙人可以按照对初创科技型企业投资额 70% 抵扣个人合伙人从合伙创投企业分得的经营所得

Ⅳ. 天使投资个人采取股权投资方式直接投资于初创科技型企业满 3 年的，可以按照投资额的 70% 抵扣转让该初创科技型企业股权取得的应纳税所得额

A. Ⅰ、Ⅱ

B. Ⅰ、Ⅲ

C. Ⅱ、Ⅲ

D. Ⅰ、Ⅱ、Ⅲ

答案：C

知识点：对创业投资基金的税收规则；见教材第九章第四节 P231。

52. 2005 年 11 月，国家发展改革委等十部委联合发布《创业投资企业管理暂行办法》。该办法除明确对创业投资（基金）企业及其管理顾问机构的备案管理规则外，还明确了三项配套性政策措施，下列说法正确的是（　　）。

Ⅰ. 国家运用税收优惠政策扶持创业投资企业发展并引导其增加对中小企业特别是中小高新技术企业的投资

Ⅱ. 国家与地方政府可设立创业投资引导基金，通过参股和提供融资担保等方式扶持创业投资企业的设立与发展

Ⅲ. 国家有关部门应当积极推进多层次资本市场体系建设，完善创业投资企业的投资退出机制

Ⅳ. 随着税收优惠政策、引导基金政策于 2008 年、2009 年先后推出，以及多层次资本市场体系的逐步建立，我国创业投资体制的基本框架得以形成

A. Ⅰ、Ⅱ、Ⅲ

B. Ⅰ、Ⅱ、Ⅳ

C. Ⅱ、Ⅲ、Ⅳ

D. Ⅰ、Ⅱ、Ⅲ、Ⅳ

答案：A

知识点：发挥财政性引导基金作用拓宽创业投资基金资本来源的支持措施；见教材第九章第四节 P232。

53. 2008 年 10 月，国务院办公厅发布《国务院办公厅转发〈关于创业投资引导基金规范设立与运作指导意见〉的通知》，下列说法正确的是（　　）。

Ⅰ. 该通知由国务院办公厅发布，旨在指导政府设立并按市场化方式运作政策性创业投资基金

Ⅱ. 主要通过扶持创业投资企业发展，引导社会资金进入创业投资领域

Ⅲ. 通过鼓励创业投资企业投资处于种子期、起步期等创业早期的企业，弥补一般创业投资企业主要投资于成长期、成熟期和重建企业的不足

Ⅳ. 该通知鼓励各省（区、市）结合本地实际，提出与国家资金共同参股设立创业投资基金的产业领域和具体方案

A. Ⅰ、Ⅱ、Ⅲ

B. Ⅰ、Ⅱ、Ⅳ

C. Ⅰ、Ⅲ、Ⅳ

D. Ⅰ、Ⅱ、Ⅲ、Ⅳ

答案：A

知识点：发挥财政性引导基金作用拓宽创业投资基金资本来源的支持措施；见教材第九章第四节 P232。

54. 国家不断出台政策，发挥政府财政性引导基金作用，拓宽创业投资基金的资本来源，下列说法正确的是（　　）。

Ⅰ. 2011 年 8 月，财政部、国家发展改革委发布《关于印发〈新兴产业创投计划参股创业投资基金管理暂行办法〉的通知》，明确中央财政资金可以通过直接投资创业企业、参股创业投资基金等方式，培育和促进新兴产业发展

Ⅱ. 2015 年 11 月，财政部发布《政府投资基金暂行管理办法》，规范政府引导基金的规范运行，同时鼓励政府财政资金支持创业投资

Ⅲ. 2016 年 12 月，国家发展改革委发布《政府出资产业投资基金管理暂行办法》，针对基金的募资、投资、管理、退出等环节，以信息登记、绩效评价和信用评价的方式对政府出资产业投资基金运行进行宏观信用信息监督管理

Ⅳ. 2016 年 2 月，国家发展改革委发布《国家发展改革委关于做好新兴产业创业投资基金有关工作的通知》，要求有关地方发展改革委加快推动已批复确认参股基金设立工作、参股基金按照协议约定加快投资进度

A. Ⅰ、Ⅱ、Ⅲ

B. Ⅰ、Ⅱ、Ⅳ

C. Ⅱ、Ⅲ、Ⅳ

D. Ⅰ、Ⅱ、Ⅲ、Ⅳ

答案：D

知识点：发挥财政性引导基金作用拓宽创业投资基金资本来源的支持措施；见教材第九章第四节 P232。

55. 创业投资基金豁免国有股转持需满足的条件正确的有（　　）。

Ⅰ. 豁免国有股转持义务的创投机构资质要求

Ⅱ. 豁免国有股转持义务的引导基金应当按照《关于创业投资引导基金规范设立与运作的指导意见》（国办发〔2008〕116 号）的规定，规范设立并运作

Ⅲ. 投资的未上市中小企业经企业所在地县级以上劳动和社会保障部门或社会保险基金管理单位核定，职工人数不超过 500 人且根据会计师事务所审计的年度合并会计报表，年销售（营业总收入）不超过 2 亿元，资产总额不超过 2 亿元

Ⅳ. 创投机构或引导基金投资于未上市中小企业，其投资时点以创投机构或引导基金投资后，被投资企业取得工商行政管理部门核发的法人营业执照或工商核准变更登记通知书的日期为准

A. Ⅰ、Ⅱ、Ⅲ

B. Ⅰ、Ⅱ、Ⅳ

C. Ⅱ、Ⅲ、Ⅳ

D. Ⅰ、Ⅱ、Ⅲ、Ⅳ

答案：D

知识点：创业投资基金豁免国有股转持的条件；见教材第九章第四节 P234～P235。

56. 豁免国有股转持，一般按以下方式办理，下列说法正确的是（　　）。

Ⅰ. 创投机构或引导基金在被投资企业股东大会审议通过首次公开发行股票并上市议案后，自行确定是否符合豁免国有股转持义务条件

Ⅱ. 自行确定符合豁免国有股转持义务条件的创投机构或引导基金，应下载并如实填报《豁免国有创业投资机构或国有创业投资引导基金国有股转持义务有关信息公示表》

Ⅲ. 公示期满社会公众无异议的，财政部将在《公示情况表》的"公示结果"栏标注"公示无异议"字样

Ⅳ. 财政部在公示期满或核查确认后，将在财政部官网公布公示结果。创投机构或引导基金应及时登录相关网页查看公示结果，并可下载打印标注"公示无异议"或"公示有异议"

A. Ⅰ、Ⅱ、Ⅲ、Ⅳ

B. Ⅰ、Ⅱ、Ⅳ

C. Ⅱ、Ⅲ、Ⅳ

D. Ⅰ、Ⅱ、Ⅲ

答案：A

知识点：创业投资基金豁免国有股转持的条件；见教材第九章第四节 P235。

57. 国务院发布《国务院关于促进创业投资持续健康发展的若干意见》，因其提出了十条促进创业投资持续健康发展的纲领性意见，为支持创业投资发展，该意见提出了 16 项具体措施，包括（　　）。

Ⅰ. 大力培育和发展合格投资者

Ⅱ. 建立股权债权等联动机制，拓宽创投资金来源

Ⅲ. 完善创业投资税收政策

Ⅳ. 建立创业投资与政府项目对接机制

A. Ⅰ、Ⅱ、Ⅳ

B. Ⅰ、Ⅱ、Ⅲ、Ⅳ

C. Ⅱ、Ⅲ、Ⅳ

D. Ⅰ、Ⅱ、Ⅲ

答案：B

知识点：创投国十条对创业投资基金支持的具体内容；见教材第九章第四节 P236。

58. 创投国十条提出了 16 项具体措施，如研究鼓励长期投资的政策措施、发挥政府资金的引导作用、构建符合创业投资行业特点的法制环境、落实和完善国有创业投资管理制度、（　　）等。

Ⅰ. 拓宽创业投资市场化退出渠道

Ⅱ. 优化监管环境

Ⅲ. 优化商事环境

Ⅳ. 有序扩大创业投资对外开放

A. Ⅰ、Ⅱ、Ⅲ

B. Ⅰ、Ⅱ、Ⅳ

C. Ⅰ、Ⅲ、Ⅳ

D. Ⅰ、Ⅱ、Ⅲ、Ⅳ

答案：D

知识点：创投国十条对创业投资基金支持的具体内容；见教材第九章第四节 P238。

59. 创投国十条要求落实和完善国有创业投资管理制度，下列说法正确的是（　　）。

Ⅰ. 鼓励国有企业集众智，开拓广阔市场空间，增强国有企业竞争力

Ⅱ. 支持有需求、有条件的国有企业依法依规、按照市场化方式设立或参股创业投

资企业和创业投资母基金

Ⅲ. 强化国有创业投资企业对种子期、初创期等创业企业的支持，鼓励国有创业投资企业追求短期投资收益

Ⅳ. 支持具备条件的国有创业投资企业开展混合所有制改革试点，探索国有创业投资企业和创业投资管理企业核心团队持股和跟投

A. Ⅰ、Ⅱ、Ⅲ

B. Ⅰ、Ⅱ、Ⅳ

C. Ⅰ、Ⅲ、Ⅳ

D. Ⅰ、Ⅱ、Ⅲ、Ⅳ

答案：D

知识点：创投国十条对创业投资基金支持的具体内容；见教材第九章第四节 P237 ~ P238。

第十章 股权投资基金的行业自律

一、单项选择题（以下各小题所给出的 **4** 个选项中，只有 **1** 项最符合题目要求，请将正确选项的代码填入括号内，不填、错填均不得分）

1. （　　）年基金管理公司在我国开始设立，基金行业在我国拉开了发展的序幕。

A. 1996

B. 1997

C. 1998

D. 1999

答案：C

知识点：中国证券投资基金业协会的演变；见教材第十章第一节 P243。

2. （　　），中国证监会发布《私募投资基金监督管理暂行办法》，确认了基金业协会对私募基金的自律管理职责。

A. 2014 年 8 月 21 日

B. 2013 年 8 月 12 日

C. 2013 年 8 月 21 日

D. 2014 年 8 月 12 日

答案：A

知识点：中国证券投资基金业协会的演变；见教材第十章第一节 P244。

3. （　　）是我国股权投资基金行业的自律机构。

A. 中国证券业协会

B. 中国银行业监督管理委员会

C. 中国证券监督管理委员会

D. 中国证券投资基金业协会

答案：D

知识点：中国证券投资基金业协会的性质；见教材第十章第一节 P245。

4. 下列关于基金业协会的说法有误的一项是（　　）。

A. 采用会员制

B. 从事营利性活动

C. 基金业协会会员可分为普通会员、联席会员、观察会员、特别会员

D. 基金业协会有权依据会员大会的授权，对会员实施自律管理

答案：B

知识点：中国证券投资基金业协会的性质；见教材第十章第一节 P245。

5. 基金业协会的最高权力机构为（　　）。

A. 会员代表大会

B. 理事会

C. 监事会

D. 董事会

答案：A

知识点：中国证券投资基金业协会的组成；见教材第十章第一节 P246。

6. （　　）为中国证券投资基金业协会的地位和职责权限提供了基本的法律依据。

A.《证券法》

B.《股权投资基金法》

C.《证券投资基金法》

D.《公司法》

答案：C

知识点：中国证券投资基金业协会的工作职责；见教材第十章第一节 P247。

7. 2016 年 2 月 5 日，基金业协会发布了（　　），对基金管理人的登记、基金备案提出了新的规定，即取消基金管理人登记证明、加强信息报送、基金管理人登记和重大事项变更提交法律意见书以及高管从业人员资格管理。

A. 登记公告

B. 备案申请公告

C. 违反信息公告

D. 监督管理公告

答案：A

知识点：登记与备案的背景和意义；见教材第十章第二节 P250。

8. 下列有关于登记与备案制度的介绍，说法有误的是（　　）。

A. 2013 年修订后的《证券投资基金法》明确规定，基金业协会"依法办理非公开募集基金的登记、备案"

B. 基金业协会为股权投资基金管理人和股权投资基金办理登记备案并不构成对股权投资基金管理人投资能力、持续合规情况的认可，但可以作为对基金财产安全的保证

C. 基金业协会还发布了《私募基金管理登记法律意见书指引》，为律师事务所在基金管理人登记备案中出具法律意见书提供了方向性指引

D.《监管暂行办法》再次明确规定各类基金管理人应当根据基金业协会的规定，向

基金业协会申请登记，并且基金业协会应当建立基金管理人登记、私募基金备案管理信息系统

答案：B

知识点：登记与备案的背景和意义；见教材第十章第二节 P249～P250。

9.（　　）登记办结后，方可进行基金的募集。基金成立后，（　　）应当对基金进行备案。

A. 基金管理人；基金托管人

B. 基金托管人；基金管理人

C. 基金管理人；基金管理人

D. 基金托管人；基金托管人

答案：C

知识点：登记与备案的原则；见教材第十章第二节 P250～P251。

10. 根据登记与备案的及时性，如基金管理人在办结登记手续之日起（　　）个月内仍未备案首只私募基金产品的，基金业协会将注销该基金管理人的登记。

A. 3

B. 6

C. 8

D. 10

答案：B

知识点：登记与备案的原则；见教材第十章第二节 P251。

11. 下列不属于登记与备案的原则的是（　　）。

A. 及时性

B. 信息报送的完整性

C. 信息报送的合规性

D. 信息报送的易解性

答案：D

知识点：登记与备案的原则；见教材第十章第二节 P251。

12. 各类私募基金募集完毕后的（　　）个工作日内，基金管理人应对所募集的基金进行备案。

A. 10

B. 15

C. 20

D. 30

答案：C

知识点：登记与备案的原则；见教材第十章第二节 P251。

13. 基金管理人应当按照相关法律法规和基金业协会的要求报送信息，所报送的信息的形式和内容应符合法律、法规和自律规则的规定属于报送信息的（   ）。

A. 真实性

B. 准确性

C. 完整性

D. 合规性

答案：D

知识点：登记与备案的原则；见教材第十章第二节 P251。

14. 股权投资基金管理人提供的登记申请材料完备的，应由（   ）为私募基金管理人办理登记手续。

A. 中国证券投资基金业协会

B. 中国证券监督管理委员会

C. 中国证券业协会

D. 中国银行业监督管理委员会

答案：A

知识点：登记与备案的方式；见教材第十章第二节 P253。

15. 基金管理人提供的登记申请材料完备的，基金业协会应当自收齐登记材料之日起（   ）个工作日内，以通过网站公示基金管理人基本情况的方式，为基金管理人办结登记手续。

A. 10

B. 15

C. 20

D. 30

答案：C

知识点：登记与备案的方式；见教材第十章第二节 P253。

16. 基金运行期间，基金管理人、基金托管人发生变更的，基金管理人应当在（   ）个工作日内向基金业协会报告。

A. 1

B. 3

C. 5

D. 10

答案：C

知识点：登记与备案的基本内容；见教材第十章第二节 P254。

17. 基金业协会鼓励基金管理人选择符合（　　）相关资质要求的律师事务所及其执业律师出具法律意见书。

A. 《中华人民共和国律师法律》

B. 《律师事务所从事证券法律业务管理办法》

C. 《中华人民共和国证券投资基金法》

D. 《律师事务所管理办法》

答案：B

知识点：法律意见书；见教材第十章第二节 P255。

18. 已登记的股权投资基金管理人发生部分重大事项变更时，需提交中国律师事务所出具的法律意见书，内容不包括（　　）。

A. 申请机构是否依法在中国境内设立并有效存续

B. 申请机构的工商登记文件所记载的经营范围是否符合国家相关法律法规的规定

C. 申请机构股东的股权结构情况

D. 申请机构最近两年涉诉或仲裁的情况

答案：D

知识点：法律意见书；见教材第十章第二节 P255 ~ P258。

19. 新申请基金管理人登记的机构存在如下情况之一的，中国证券投资基金业协会将不予登记（　　）。

A. 申请机构的高管人员最近三年存在重大失信记录，或最近三年被中国证监会采取市场禁入措施

B. 基金管理人未按时履行季度、年度和重大事项信息报送更新义务累计达 2 次的

C. 已登记的基金管理人因违反《企业信息公示暂行条例》相关规定，被列入企业信用信息公示系统严重违法企业公示名单的

D. 已登记的基金管理人未按要求提交经审计的年度财务报告的

答案：A

知识点：法律意见书；见教材第十章第二节 P259 ~ P260。

20. 中国证券投资基金业协会要求基金管理人提出法律意见书，引入法律中介机构的尽职调查，有利于保护（　　）利益。

A. 投资者

B. 基金管理人

C. 基金托管人

D. 基金发起人

答案：A

知识点：法律意见书；见教材第十章第二节 P259。

21. 一旦基金管理人作为异常机构公示，即使整改完毕，至少（　　）个月后才能恢复正常机构公示状态。

A. 4

B. 5

C. 6

D. 12

答案：C

知识点：登记与备案的自律管理措施；见教材第十章第二节 P260。

22. 募集机构对投资者进行风险评估的结果的有效期不得超过（　　）年。

A. 1

B. 2

C. 3

D. 5

答案：C

知识点：募集行为的主要程序及内容；见教材第十章第三节 P262。

23. 《证券投资基金法》中，募集机构及从业人员推介私募基金时，下列说法错误的是（　　）。

A. 禁止恶意贬低同行

B. 禁止推介非本机构设立负责募集的私募基金

C. 允许非本机构雇佣人员进行私募基金推介

D. 法律、行政法规、中国证监会和中国基金业协会禁止的其他行为

答案：C

知识点：募集的禁止性行为和推介渠道；见教材第十章第三节 P265。

24. 《私募投资基金管理人登记和基金备案办法（试行）》对从业人员从业资格的基本要求规定，私募基金管理人的高级管理人员应当诚实守信，最近（　　）年没有重大失信记录，未被中国证监会采取市场禁入措施。

A. 一

B. 二

C. 三

D. 四

答案：C

知识点：基金募集期向投资者披露的信息内容；见教材第十章第三节 P267。

25. 基金募集期间，不能在宣传推介资料中向投资者披露的信息为（　　）。

A. 基金基本信息

B. 基金的募集期限

C. 基金的申购与赎回安排

D. 基金预期收益

答案：D

知识点：基金募集期向投资者披露的信息内容；见教材第十章第三节 P267。

26. 信息披露义务人应当在每季度结束之日起（　　）个工作日以内向投资者披露基金净值、主要财务指标以及投资组合情况等信息。

A. 4

B. 5

C. 10

D. 20

答案：C

知识点：基金运行期向投资者披露的信息内容；见教材第十章第三节 P267。

27. 信息披露义务人应当在每年结束之日起（　　）个月以内向投资者披露报告期末基金净值和基金份额总额、基金的财务情况、基金投资运作情况和运用杠杆情况、投资者账户信息、投资收益分配和损失承担情况、基金管理人取得的管理费和业绩报酬。

A. 4

B. 5

C. 8

D. 10

答案：A

知识点：基金运行期向投资者披露的信息内容；见教材第十章第三节 P267。

28. 《私募投资基金募集行为管理办法》中规定，私募基金管理人在一年之内两次采取谈话提醒、书面警示、要求限期改正等纪律处分的，（　　）可对其采取加入黑名单、公开谴责等纪律处分。

A. 中国证券会

B. 证券交易所

C. 中国基金业协会

D. 中国证券监督管理委员会

答案：C

知识点：信息披露的自律管理措施；见教材第十章第三节 P268。

29. 管理人应具备至少（　　）名高级管理人员，其中应当包括一名负责合规风控的高级管理人员。

A. 2

B. 3

C. 4

D. 5

答案：A

知识点：内控制度要求及其有效运行；见教材第十章第三节 P269。

30. 合同指引不包括（　　）。

A. 公司章程

B. 合伙协议

C. 招募说明书

D. 信托（契约）型基金合同

答案：C

知识点：三类合同的基本内容；见教材第十章第三节 P269。

31. 服务机构在基金业协会完成登记之后连续（　　）个月没有开展基金服务业务的，基金业协会将注销其登记。

A. 3

B. 6

C. 8

D. 12

答案：B

知识点：私募投资基金服务业务机构的登记；见教材第十章第三节 P270。

32. 服务机构应当在每个季度结束之日起（　　）个工作日内向基金业协会报送服务业务情况表。

A. 3

B. 5

C. 10

D. 15

答案：D

知识点：私募投资基金服务业务机构的业务规范、责任分担、报告义务；见教材第十章第三节 P271。

33. 服务机构一年之内（　　）次被要求限期改正，服务机构主要负责人两次被采取谈话提醒、书面警示等纪律处分的，基金业协会可对其采取加入黑名单、公开谴责等纪律处分。

A. 一

B. 两

C. 三

D. 四

答案：B

知识点：私募投资基金服务业务机构的自律措施；见教材第十章第三节 P272。

34. 服务机构及其主要负责人在（　　）年之内两次被采取加入黑名单、公开谴责等纪律处分的，基金业协会可以采取撤销服务机构登记或取消会员资格，暂停或取消服务机构主要负责人基金从业资格等纪律处分。

A. 一

B. 两

C. 三

D. 四

答案：B

知识点：私募投资基金服务业务机构的自律措施；见教材第十章第三节 P272。

二、组合型单项选择题（以下各小题所给出的 4 个选项中，只有 1 项最符合题目要求，请将正确选项的代码填入括号内，不填、错填、漏填均不得分）

1. 2014 年 11 月，基金业协会发布《基金业务外包服务指引（试行）》内容包括（　　）。

Ⅰ. 支持基金管理人特色化、差异化发展

Ⅱ. 提高核心竞争力

Ⅲ. 促进基金管理公司强化风险意识，增强风险防范能力，建立全面的风险管理体系

Ⅳ. 促进公募、私募基金管理人业务外包服务规范开展

A. Ⅰ、Ⅱ、Ⅲ

B. Ⅰ、Ⅱ、Ⅳ

C. Ⅱ、Ⅲ、Ⅳ

D. Ⅰ、Ⅱ、Ⅲ、Ⅳ

答案：D

知识点：中国证券投资基金业协会的演变；见教材第十章第一节 P245。

2. 以下关于基金业协会的说法中，正确的有（　　）。

Ⅰ. 基金业协会是证券投资基金行业的自律性组织

Ⅱ. 基金服务机构可以加入基金业协会

Ⅲ. 基金托管人应该加入基金业协会

Ⅳ. 基金业协会不是社会团体法人

A．Ⅰ、Ⅱ、Ⅲ

B．Ⅰ、Ⅱ、Ⅳ

C．Ⅱ、Ⅲ、Ⅳ

D．Ⅰ、Ⅱ、Ⅲ、Ⅳ

答案：A

知识点：中国证券投资基金业协会的性质；见教材第十章第一节 P245。

3. 基金业协会会员代表大会行使的职权包括（　　）。

Ⅰ．制定和修改会费标准

Ⅱ．决定本团体的合并、分立、终止事项

Ⅲ．审议理事会工作报告和财务报告，审议监事会工作报告

Ⅳ．决定其他应由会员代表大会审议的重大事宜

A．Ⅰ、Ⅱ、Ⅲ

B．Ⅰ、Ⅱ、Ⅳ

C．Ⅱ、Ⅲ、Ⅳ

D．Ⅰ、Ⅱ、Ⅲ、Ⅳ

答案：D

知识点：中国证券投资基金业协会的组成；见教材第十章第一节 P246。

4. 基金业协会设理事会，理事会由会员理事和非会员理事组成，其职权有（　　）。

Ⅰ．负责制定和修改章程

Ⅱ．选举和罢免本团体会长、副会长、秘书长

Ⅲ．提议召开临时会员代表大会

Ⅳ．审议年度财务预算、决算

A．Ⅰ、Ⅱ、Ⅲ

B．Ⅰ、Ⅱ、Ⅳ

C．Ⅱ、Ⅲ、Ⅳ

D．Ⅰ、Ⅱ、Ⅲ、Ⅳ

答案：C

知识点：中国证券投资基金业协会的组成；见教材第十章第一节 P246。

5. 基金业协会设监事会，对于监事会有关说法正确的是（　　）。

Ⅰ．对会员代表大会负责

Ⅱ．有权列席理事会会议并监督理事会的工作

Ⅲ．是基金业协会的监督机构，监督基金业协会各项执行工作

Ⅳ．是基金业协会的最高权力机构

A．Ⅰ、Ⅱ、Ⅲ

B. Ⅰ、Ⅱ、Ⅳ

C. Ⅱ、Ⅲ、Ⅳ

D. Ⅰ、Ⅱ、Ⅲ、Ⅳ

答案：A

知识点：中国证券投资基金业协会的组成；见教材第十章第一节 P247。

6. 2014 年 8 月 21 日，中国证监会发布《私募投资基金监督管理暂行办法》明确了中国证券投资基金业协会对股权投资的职能包括（　　）。

Ⅰ. 协调行业关系

Ⅱ. 改变行业模式

Ⅲ. 开展行业自律

Ⅳ. 提供行业服务

A. Ⅰ、Ⅱ、Ⅲ

B. Ⅰ、Ⅲ、Ⅳ

C. Ⅱ、Ⅲ、Ⅳ

D. Ⅰ、Ⅱ、Ⅲ、Ⅳ

答案：B

知识点：中国证券投资基金业协会的工作职责；见教材第十章第一节 P247。

7. 以下关于中国证券投资基金业协会的职责的说法中，正确的是（　　）。

Ⅰ. 制定和实施行业自律规则，监督、检查会员及其从业人员的执业行为，对违反自律规则和协会章程的，按照规定给予纪律处分

Ⅱ. 制定行业执业标准和业务规范，组织基金从业人员的从业考试、资质管理和业务培训

Ⅲ. 只能对会员之间发生的基金业务纠纷进行调解

Ⅳ. 依法办理非公开募集基金的登记、备案

A. Ⅰ、Ⅱ、Ⅲ

B. Ⅰ、Ⅱ、Ⅳ

C. Ⅱ、Ⅲ、Ⅳ

D. Ⅰ、Ⅱ、Ⅲ、Ⅳ

答案：B

知识点：中国证券投资基金业协会的工作职责；见教材第十章第一节 P247～P248。

8. 中国证券投资基金业协会组织基金从业人员的（　　）。

Ⅰ. 从业考试

Ⅱ. 资质管理

Ⅲ. 档案管理

Ⅳ. 业务培训

A. Ⅰ、Ⅱ、Ⅲ

B. Ⅰ、Ⅱ、Ⅳ

C. Ⅱ、Ⅲ、Ⅳ

D. Ⅰ、Ⅱ、Ⅲ、Ⅳ

答案：B

知识点：中国证券投资基金业协会行业自律的主要内容；见教材第十章第一节 P248。

9. 股权投资基金管理人在基金业协会的登记、对募集的基金进行备案的作用有（　　）。

Ⅰ. 改善股权投资基金行业环境、促进行业规范发展的目标

Ⅱ. 可以加强机构自身合规运作和信息披露的意识

Ⅲ. 投资者可以通过基金业协会获悉管理人及基金的基本信息

Ⅳ. 基金业协会可以对以私募为名进行的公募、内幕交易、非法集资等非法活动加强自律管理

A. Ⅰ、Ⅱ、Ⅲ

B. Ⅰ、Ⅱ、Ⅳ

C. Ⅱ、Ⅲ、Ⅳ

D. Ⅰ、Ⅱ、Ⅲ、Ⅳ

答案：D

知识点：登记与备案的背景和意义；见教材第十章第二节 P250。

10. 管理人应当在完成工商变更登记后的 10 个工作日内，通过资产管理业务综合报送平台向基金业协会进行重大事项变更的情形包括（　　）。

Ⅰ. 基金管理人变更控股股东

Ⅱ. 基金管理人变更实际控制人

Ⅲ. 基金管理人执行事物合伙人

Ⅳ. 基金管理人联系方式发生变化

A. Ⅰ、Ⅱ、Ⅲ

B. Ⅰ、Ⅱ、Ⅳ

C. Ⅱ、Ⅲ、Ⅳ

D. Ⅰ、Ⅱ、Ⅲ、Ⅳ

答案：A

知识点：登记与备案的原则；见教材第十章第二节 P251。

11. 基金管理人申请登记应如实填写的信息包括（　　）。

Ⅰ. 基金管理人基本信息

Ⅱ. 高级管理人员基本信息

Ⅲ. 一般工作人员（非从业人员）基本信息

Ⅳ. 股东或合伙人基本信息

A. Ⅰ、Ⅱ、Ⅲ

B. Ⅰ、Ⅱ、Ⅳ

C. Ⅱ、Ⅲ、Ⅳ

D. Ⅰ、Ⅱ、Ⅲ、Ⅳ

答案：B

知识点：登记与备案的基本要求；见教材第十章第二节 P251。

12. 基金登记与备案的基本要求有（　　　）。

Ⅰ. 主体资格要求

Ⅱ. 专业化经营要求

Ⅲ. 防范利益冲突要求

Ⅳ. 运营基本设施和条件要求

A. Ⅰ、Ⅱ、Ⅲ

B. Ⅰ、Ⅱ、Ⅳ

C. Ⅱ、Ⅲ、Ⅳ

D. Ⅰ、Ⅱ、Ⅲ、Ⅳ

答案：D

知识点：登记与备案的基本要求；见教材第十章第二节 P251～P253。

13. 基金管理人申请基金管理人登记的，通常应提交的材料或信息包括（　　　）。

Ⅰ. 公司章程或者合伙协议

Ⅱ. 法律意见书

Ⅲ. 基金管理人的基本制度

Ⅳ. 工商登记和营业执照正副本复印件

A. Ⅰ、Ⅱ、Ⅲ

B. Ⅰ、Ⅱ、Ⅳ

C. Ⅱ、Ⅲ、Ⅳ

D. Ⅰ、Ⅱ、Ⅲ、Ⅳ

答案：D

知识点：登记与备案的基本内容；见教材第十章第二节 P254。

14. 基金运行期间，如发生以下重大事项的，基金管理人应当在 5 个工作日内向基金业协会报告的情形包括（　　　）。

Ⅰ. 基金合同发生重大变化

Ⅱ. 基金发生清盘或清算

Ⅲ. 对基金持续运行、投资者利益、资产净值产生重大影响的其他事件

Ⅳ. 管理人员的基本信息发生变化

A. Ⅰ、Ⅱ、Ⅲ

B. Ⅰ、Ⅱ、Ⅳ

C. Ⅱ、Ⅲ、Ⅳ

D. Ⅰ、Ⅱ、Ⅲ、Ⅳ

答案：A

知识点：登记与备案的基本内容；见教材第十章第二节 P254。

15. 法律中介机构根据基金业协会给出的指引文件的规定，出具法律意见书，下列
（   ）属于律师审核的内容。

Ⅰ. 申请机构的存续期间

Ⅱ. 申请机构的主营业务

Ⅲ. 申请机构的高层名单

Ⅳ. 申请机构的股权结构

A. Ⅰ、Ⅱ、Ⅲ

B. Ⅰ、Ⅱ、Ⅳ

C. Ⅱ、Ⅲ、Ⅳ

D. Ⅰ、Ⅱ、Ⅲ、Ⅳ

答案：B

知识点：法律意见书；见教材第十章第二节 P256～P258。

16. 下列属于新申请股权投资基金管理人登记机构的子公司的是（   ）。

Ⅰ. 持股 15% 的金融企业

Ⅱ. 持股 10% 的上市公司

Ⅲ. 持股 30% 的服装企业

Ⅳ. 受同一控股股东控制的金融企业

A. Ⅰ、Ⅱ、Ⅲ

B. Ⅰ、Ⅱ、Ⅳ

C. Ⅱ、Ⅲ、Ⅳ

D. Ⅰ、Ⅱ、Ⅲ、Ⅳ

答案：A

知识点：法律意见书；见教材第十章第二节 P257。

17. 新申请股权投资基金管理人登记的机构应根据其拟申请的私募基金管理业务类

型建立与之相适应的制度，包括（　　）。

Ⅰ. 利益冲突的投资交易制度

Ⅱ. 合格投资者风险揭示制度

Ⅲ. 运营风险控制制度

Ⅳ. 信息披露制度

A. Ⅰ、Ⅱ、Ⅲ

B. Ⅰ、Ⅱ、Ⅳ

C. Ⅱ、Ⅲ、Ⅳ

D. Ⅰ、Ⅱ、Ⅲ、Ⅳ

答案：D

知识点：法律意见书；见教材第十章第二节 P258。

18. 法律意见书中，律师应重点核查的事项之一为申请机构是否按规定具有开展私募基金管理业务所需的（　　）。

Ⅰ. 从业人员

Ⅱ. 营业场所

Ⅲ. 营业时间

Ⅳ. 资本金

A. Ⅰ、Ⅱ、Ⅲ

B. Ⅰ、Ⅱ、Ⅳ

C. Ⅱ、Ⅲ、Ⅳ

D. Ⅰ、Ⅱ、Ⅲ、Ⅳ

答案：B

知识点：法律意见书；见教材第十章第二节 P257。

19. 基金募集机构可以将 C1 中符合（　　）情形之一的自然人，作为风险承受能力最低类别投资者。

Ⅰ. 投资能力较低

Ⅱ. 不具有完全民事行为能力

Ⅲ. 没有风险容忍度或者不愿承受任何投资损失

Ⅳ. 法律、行政法规规定的其他情形

A. Ⅰ、Ⅱ、Ⅲ

B. Ⅰ、Ⅱ、Ⅳ

C. Ⅱ、Ⅲ、Ⅳ

D. Ⅰ、Ⅱ、Ⅲ、Ⅳ

答案：C

知识点：募集行为的主要程序及内容；见教材第十章第三节 P262。

20. 股权投资基金募集时，一般按照以下程序进行（　　）。

Ⅰ. 特定对象确认

Ⅱ. 投资者适当匹配

Ⅲ. 基金风险揭示

Ⅳ. 合格投资者确认

A. Ⅰ、Ⅱ、Ⅲ

B. Ⅰ、Ⅱ、Ⅳ

C. Ⅱ、Ⅲ、Ⅳ

D. Ⅰ、Ⅱ、Ⅲ、Ⅳ

答案：D

知识点：募集行为的主要程序及内容；见教材第十章第三节 P262。

21. 私募基金投资运作中面临的一般风险，包括（　　）等。

Ⅰ. 资金损失风险

Ⅱ. 流动性风险

Ⅲ. 募集失败风险

Ⅳ. 信用风险

A. Ⅰ、Ⅱ、Ⅲ

B. Ⅰ、Ⅱ、Ⅳ

C. Ⅱ、Ⅲ、Ⅳ

D. Ⅰ、Ⅱ、Ⅲ、Ⅳ

答案：A

知识点：募集行为的主要程序及内容；见教材第十章第三节 P264。

22. 私募案件涉及的主要违法违规类型表现为（　　）。

Ⅰ. 公开宣传

Ⅱ. 虚假宣传

Ⅲ. 保本保收益

Ⅳ. 向非合格投资者募集资金

A. Ⅰ、Ⅱ、Ⅲ

B. Ⅰ、Ⅱ、Ⅳ

C. Ⅱ、Ⅲ、Ⅳ

D. Ⅰ、Ⅱ、Ⅲ、Ⅳ

答案：D

知识点：募集的禁止性行为和推介渠道；见教材第十章第三节 P265。

23. 根据《私募投资基金信息披露管理办法》，在私募基金募集期间，应当在招募说明书或宣传推介材料中向投资者披露（ ）。

Ⅰ. 基金的基金信息

Ⅱ. 基金管理人基金信息

Ⅲ. 基金的投资信息

Ⅳ. 基金的募集期限

A. Ⅰ、Ⅱ、Ⅲ

B. Ⅰ、Ⅲ、Ⅳ

C. Ⅱ、Ⅲ、Ⅳ

D. Ⅰ、Ⅱ、Ⅲ、Ⅳ

答案：D

知识点：基金募集期向投资者披露的信息内容；见教材第十章第三节 P267。

24. 信息披露义务人披露基金信息，不得存在的行为有（ ）。

Ⅰ. 诋毁其他基金管理人、基金托管人或者基金销售机构

Ⅱ. 采用不具有可比性、公平性、准确性、权威性的数据来源和方法进行行业业绩比较，任意使用"业绩最佳""规模最大"等相关措辞

Ⅲ. 违规承诺收益或者承担损失

Ⅳ. 登载任何自然人、法人或者其他组织的祝贺性、恭维性或推荐性文字

A. Ⅰ、Ⅱ、Ⅲ

B. Ⅰ、Ⅲ、Ⅳ

C. Ⅱ、Ⅲ、Ⅳ

D. Ⅰ、Ⅱ、Ⅲ、Ⅳ

答案：D

知识点：信息披露的禁止性行为；见教材第十章第三节 P267。

25. 加强私募基金信息披露制度建设，规范私募基金信息披露义务人向投资者进行披露的内容和方式，有利于（ ）。

Ⅰ. 保障私募基金投资者的收益权

Ⅱ. 保障私募基金投资者的知情权

Ⅲ. 保护私募基金投资者的合法权益

Ⅳ. 促进市场资源的合理配置

A. Ⅰ、Ⅱ、Ⅲ

B. Ⅰ、Ⅲ、Ⅳ

C. Ⅱ、Ⅲ、Ⅳ

D. Ⅰ、Ⅱ、Ⅲ、Ⅳ

答案：C

知识点：信息披露的自律管理措施；见教材第十章第三节 P266。

26. 关于基金的信息披露，如下说法正确的是（　　）。

Ⅰ. 信息披露义务人应当在每年结束之日起 4 个月以内向投资者披露年报

Ⅱ. 信息披露义务人应当在每年结束之日起 15 个工作日以内向投资者披露基金净值、主要财务指标以及投资组合情况等信息

Ⅲ. 中国证券投资基金业协会可以视情节轻重对信息披露义务人及主要负责人采取谈话提醒、书面警示、要求参加强制培训、行业内谴责、加入黑名单等纪律处分

Ⅳ. 涉及重大事项的，信息披露义务人应当按照基金合同的约定及时向投资者披露

A. Ⅰ、Ⅱ、Ⅲ

B. Ⅰ、Ⅱ、Ⅳ

C. Ⅰ、Ⅲ、Ⅳ

D. Ⅰ、Ⅱ、Ⅲ、Ⅳ

答案：C。

知识点：信息披露的自律管理措施；见教材第十章第三节 P267。

27. 下列符合《内控指引》规定的有（　　）。

Ⅰ. 股权投资基金管理人应遵循专业化原则，主营业务清晰，不得兼营与股权投资基金管理无关或存在利益冲突的其他业务

Ⅱ. 股权投资基金管理人委托募集的，应当委托获得中国证监会基金销售业务资格且成为基金业协会会员的机构募集私募基金，并制定募集机构遴选制度

Ⅲ. 股权投资基金管理人应建立合格投资者适当性制度

Ⅳ. 股权投资基金管理人应具备至少 3 名高级管理人员，且应当设置负责合规风控的高级管理人员

A. Ⅰ、Ⅱ、Ⅲ

B. Ⅰ、Ⅲ、Ⅳ

C. Ⅱ、Ⅲ、Ⅳ

D. Ⅰ、Ⅱ、Ⅲ、Ⅳ

答案：A

知识点：内控制度要求及其有效运行；见教材第十章第三节 P269。

28. 根据合同指引的设置，信托（契约）型基金合同的内容包括（　　）。

Ⅰ. 股权投资基金份额的登记

Ⅱ. 股权投资基金财产的估值和会计核算

Ⅲ. 股权投资基金份额持有人大会及日常机构

Ⅳ. 股权投资基金的费用与税收

A. Ⅰ、Ⅱ、Ⅲ

B. Ⅰ、Ⅲ、Ⅳ

C. Ⅱ、Ⅲ、Ⅳ

D. Ⅰ、Ⅱ、Ⅲ、Ⅳ

答案：D

知识点：三类合同的基本内容；见教材第十章第三节 P270。

29. 股权投资基金管理人委托私募基金服务机构，为股权投资基金提供（　　）等服务业务，适用《服务办法》。

Ⅰ. 基金募集

Ⅱ. 估值核算

Ⅲ. 信息技术系统

Ⅳ. 份额登记

A. Ⅰ、Ⅱ、Ⅲ

B. Ⅰ、Ⅲ、Ⅳ

C. Ⅱ、Ⅲ、Ⅳ

D. Ⅰ、Ⅱ、Ⅲ、Ⅳ

答案：D

知识点：《私募投资基金服务业务管理办法（试行）》的适用范围；见教材第十章第三节 P270。

30. 独立第三方服务机构应当自董事会或者股东（大）会作出决议之日起 10 个工作日内向基金业协会提交重大信息变更申请的情形包括（　　）。

Ⅰ. 整体构成变更持股 20% 以上股东

Ⅱ. 变更股东持股比例超过 20%

Ⅲ. 实际控制人发生变化的

Ⅳ. 变更股东持股比例超过 5% 的

A. Ⅰ、Ⅱ、Ⅲ

B. Ⅰ、Ⅲ、Ⅳ

C. Ⅱ、Ⅲ、Ⅳ

D. Ⅰ、Ⅱ、Ⅲ、Ⅳ

答案：A

知识点：私募投资基金服务业务机构的业务规范、责任分担、报告义务；见教材第十章第三节 P271。

31. 发生重大事件时，（　　）应当及时向基金业协会报告。

Ⅰ. 基金份额持有人

Ⅱ. 基金管理人

Ⅲ. 基金托管人

Ⅳ. 服务机构

A. Ⅰ、Ⅱ、Ⅲ

B. Ⅰ、Ⅲ、Ⅳ

C. Ⅱ、Ⅲ、Ⅳ

D. Ⅰ、Ⅱ、Ⅲ、Ⅳ

答案：C

知识点：私募投资基金服务业务机构的业务规范、责任分担、报告义务；见教材第十章第三节 P271。

32. 当服务机构严重违规时，基金业协会对服务机构主要负责人可采取的处罚措施包括（　　）。

Ⅰ. 加入黑名单

Ⅱ. 公开谴责

Ⅲ. 暂停基金从业资格

Ⅳ. 取消基金从业资格

A. Ⅰ、Ⅱ、Ⅲ

B. Ⅰ、Ⅲ、Ⅳ

C. Ⅱ、Ⅲ、Ⅳ

D. Ⅰ、Ⅱ、Ⅲ、Ⅳ

答案：D

知识点：私募投资基金服务业务机构的自律措施；见教材第十章第三节 P272。